是什么带来力量

乡村儿童的教育

[德] 卢安克 著

北京出版集团
北京出版社

图书在版编目（CIP）数据

是什么带来力量 ：乡村儿童的教育 /（德）卢安克
（Eckart Niels Loewe）著. — 北京 ：北京出版社，
2022.4
　　ISBN 978-7-200-13632-6

　　Ⅰ. ①是… Ⅱ. ①卢… Ⅲ. ①农村—儿童教育—中国
Ⅳ. ① G61

　　中国版本图书馆 CIP 数据核字（2017）第 306324 号

是什么带来力量
乡村儿童的教育
SHI SHENME DAILAI LILIANG
［德］卢安克　著

出　　版	北京出版集团	
	北京出版社	
地　　址	北京北三环中路 6 号	
邮　　编	100120	
网　　址	www.bph.com.cn	
总 发 行	北京出版集团	
印　　刷	北京华联印刷有限公司	
开　　本	880 毫米 ×1230 毫米　1/32	
印　　张	9.75	
字　　数	208 千字	
版　　次	2022 年 4 月第 1 版	
印　　次	2022 年 4 月第 1 次印刷	
书　　号	ISBN 978-7-200-13632-6	
定　　价	68.00 元	

如有印装质量问题，由本社负责调换
质量监督电话　010-58572393

从卢安克老师的乡村儿童教育说起

王孙禺[①]

改革开放开启了实现国家富强、人民富裕的崭新历程,极大促进了中国发展和中国减贫进程。经过多年的奋斗,到2020年底,中国如期完成了新时代脱贫攻坚目标任务。占世界人口1/5的中国全面消除绝对贫困,提前10年实现《联合国2030年可持续发展议程》中的减贫目标。这不仅是中华民族的发展史上的重大事件,也是人类减贫史上的大事件。

在这里,中国人民齐心合力做出了巨大贡献,同时,也凝聚了外国友人的巨大贡献。本书说的就是一位外国友人在中国所做的扶贫、支教的工作。

卢安克老师是一位长期在中国做教育支持工作的德国老师,从20世纪末他就在广西贫困山区条件简陋的乡村小学任教,承担过科学课、音乐课、美术课、体育课、综合实践活动课的教学任务,学校需要什么就上什么课,全身心地投入乡村儿童的教育工作。卢安克老师在大山里支教的事迹多年前就在报刊、电视上得到报道,但读过他的书之后,我才意识到他不仅是一位长期无私奉献的教师,

---

[①] 王孙禺,联合国教科文组织国际工程教育中心秘书长、清华大学教育研究院教授。

还是一位有严谨工作作风和优秀教育理念的实干家和研究者。支教和扶贫的过程也是他教育思想不断深化和成熟的过程。

一、奉献的理想和勇气

卢安克老师是德国汉堡人，毕业于汉堡美术学院工业设计系。1990年作为交换生首次来到中国，1997年开始在中国的支教工作。那时候他是一位想探索世界、希望世界变得更美好的青年。作为一个外国人，在中国的大山里当老师，20多年来他每天要克服无数的困难且乐此不疲。

从前，在很多家长的认知中，放弃在大城市的发展，去偏远山区自讨苦吃，那是发达国家有钱人家孩子的一种奇怪爱好，他们无法理解自己的孩子做这种选择。现在我们的学生家庭经济水平普遍提高，社会更加开放和进步，家长也更加宽容，容许他们追求自己理想主义的目标。"理想主义意味着听从内心的召唤，突破现实的羁绊，追求有意义、有价值的人生目标。"清华大学早在1998年就响应团中央、教育部号召，组建了研究生支教团。22年来，有344名志愿者前往西藏、青海、甘肃、宁夏、山西、河南、河北、湖南、云南等地区接力教育扶贫。发展至今，已经形成了人才培养链条和系统的工作体系，研究生支教团的学生可以保留学籍，去中西部支教一年，为中西部的发展贡献他们的力量。2014年，清华大学非洲志愿团前往非洲贫困地区支教。越是偏远贫困的地区越需要有理想的青年人，有相当数量的青年志愿者自愿为社会公共利益服务，很多人志愿做一位乡村教师，为偏远山区的孩子带去知识和力量。

青年的理想和热血是我们最宝贵的财富。然而，有勇气到乡村支教、扶贫只是第一步，要在乡村小学坚持下去，并取得更好的教育教学效果，只有勇气是远远不够的。他们到了乡村会遇到什么情况呢？遇到的是几乎在一切方面都与配套成熟、井井有条的城市和学校迥异的陌生环境。这时候他们如何坚持？全凭意志力的坚守显然不是长久之计。他们必须学会如何面对困难，如何自主发现问题、解决问题。

来自德国的卢安克老师用亲身经历清楚地告诉支教志愿者，"每一个老师都有自己做研究的必要，否则，过一段时间他就会失去'坚持'的力量。"（P5）《是什么带来力量——乡村儿童的教育》是作者10余年教学实践和思考的成果，相当完整地反映了他在一个山村小学的教育探索历程，从教育研究的角度，称得上是罕见的在偏远山村小学进行的中长期教育跟踪研究。

他支教的板烈小学在贫困山区，最初软硬件条件都很不完备。学校是泥土瓦房，学生的家分散在四周大山半山腰的屯子里，上学要走很远的山路，很小的孩子就要住在简陋的宿舍里，自己管理自己。学校师资匮乏，音、体、美等副科长期不能开课。当地处于少数民族地区，学校低年级学生不会说汉语，高年级学生在生活中基本不说汉语。做实验的时候，卢老师才发现学生甚至没有见过折尺。与物质条件相比，更大的困难是当地的生产生活方式使儿童处在一种比较原始的、接近天然的环境中，这就决定了学校的教育起点是一种与城市迥异的文化基础，而且当家里的大人都出去打工以后，被迫留守的孩子们处于一种非常无律的状态。去支教的老师会发现，城市里通用的规则和标准在这里很难实施，这就是当时教育的真实状况。

二、从行动到感受

在这种情况下，如果我们不想放弃教育工作的话，要怎样做？没有现成的答案。实事求是是唯一的选择，只有因材施教、因地施教，让教育去适应真实的情况。卢老师说："我不是理想主义者，我认为，理想没有什么用，因为我的学生还有学校的教学条件不符合理想。"（P6）这里的"理想"指的是无实际依据的想象。他做的第一步就是去观察。"我必须把学生原有的不理想的情况和特点当成我自己做法的根据。为了这一点，我就要去观察，再观察，要适应，再适应，而不是根据我对于理想学生的想象来决定自己的做法。"（P6）想倾听学生的心声并不容易，首先必须承受爱打架的男孩的挑衅和欺侮，承受他们下意识的破坏行为。但这也使卢老师找到了教育的切入点，开展培养幼儿的感觉（P41）和发挥他们的意识的活动（P94）。他让学生们去触摸和观察周围的环境，绘制校园地图，创作音乐和绘画，还带领学生在学校旁边的小河里设计建造了一个可以蓄水游泳的水坝。在活动中，学生需要认知环境、认知自己与他人的关系，认识到如果不能与环境合作、与其他人合作，自己是没有办法成功的。在这个过程中学生学习了音乐课、美术课、科学课的知识，更重要的是，这些活动使课堂的气氛发生了变化——学生们开始在课间玩耍的时候自觉地说普通话，语文老师发现学生的作文写得比从前有意思了。有了这个基础，下一步他就能带领学生做一些抽象的、有意识的活动，孩子们一起写歌词、作曲，集体创作了一首歌。如果没有前面的过程，我们完全可以想象，常常处在无意识状态的学生无法完成这些活动。

卢老师强调备课的重要性，带领学生所做活动的进程都有详细的记录。活动的背景、思路、内容和步骤以及每一步遇到的困难，都一一呈现，这种严谨和有序是他在教学上持续得到改进的基础。在条件艰苦的乡村小学，开展当地从未尝试的教学活动，毫不意外最初每次活动都不顺利。卢老师要面对各种问题：没有助手、学生不配合、山里天气的变化无常，甚至是对自己能力的怀疑，等等。他所做的是一边继续工作，理解学生的状态，一边调整自己的计划，他允许学生影响自己的生活，与学生一起伤心和高兴，把自己的心跟学生的心系在一起。当学生和他完全相互理解之后，教学活动就自然而然地顺利了。最终进入到这一步的时候，可以想象卢老师已经经过了多少艰苦，甚至无望的努力。

三、培养内在的力量

每次活动完成之后，卢老师对教学工作的总结，从不统计学生学习画了哪些画、唱了哪些歌曲、制作了哪些机械模型等可以量化评分的内容，他记录的是班级学习气氛的变化："我们互相不好好对待的问题就这样解决了"、班级中想当"老大"的同学不能继续当了、"需要做什么他们就自动去实现"、"大家都觉得很美，很喜欢"。卢老师的这一特点或许会让读者产生困惑：他的种种辛苦工作所得到的效果就是维护了课堂纪律，让学生更"听话"吗？那么，是否无须如此复杂的过程，只需要一位严厉的老师，给学生以适度的规训就可以解决？事实并非如此，我们要看到，这正是卢老师在教育理念上最突出的特点，也是对我们目前基础教育工作最有启发性的一点。他的做法是，一步一步让学生能够主动发现自己的想法和班集体的任务，先行动，再感受，最后认识创造的结果。这个过程中学生的主动性和创造性得到了发挥，自然而然地产生了行动的动力，这种力量使学生慢慢成长起来，最终学会自立。如果学生在学习中只能疲于应付各种考试和要求，那么短期内学习知识的速度也许能够加快，但学习的主动性常常被剥夺，而一旦考试失败，学习的积极性也会严重受挫。教育资源匮乏的山区在应试教育中处于弱势，这类问题就更加突出。当学生成年后进入社会，面对困难，需要主动发现、解决方方面面的问题时，习惯于根据老师和领导要求做事的人，往往找不到解决问题的力量。甚至当面临选择时，他们会处于迷惘之中，不知道自己内心到底要什么。而这种内在的力量，就是卢老师自己在贫困山区支教10余年所仰仗的，也是他在教育教学过程中要为学生逐步累积和培养的。

四、行胜于言

无论是去乡村扶贫支教，还是出国学习，去机关、企业工作，我们都要学会做事。"行胜于言"是百年前清华大学的学生面对积贫积弱的祖国刻下的箴言。清华老校长顾秉林，曾把"独立思考，善于作为"8个字作为送给毕业生的临别赠言，希望他们带着对国家和社会进步的责任感走出校门，面对真实复杂的问题"要善于从复杂的局面中找到解决问题、改变现实的道路"。真正去做成一件事情，比仅仅去批评它困难得多。2020年是中国脱贫攻坚的收官之年，广大农村偏远地区的教育水平和社会面貌都得到了极大的改善，卢老师当年支教的板烈小学也已今非昔比。但能从克服重重困难的过程中总结经验才是真正的进步。从事教育工作的人尤其懂得，做事所需要的内在动力和不懈探索的力量非朝夕之功，要从基础教育阶段逐步培养。教师拥有一颗无私的心和尊重儿童自然成长规律的严谨态度，是培育有行动力的建设者的基本条件。

卢安克老师的书讲的是一个听从内心召唤的高尚的人的故事，是一个优秀的教学活动案例，更是对儿童内在成长规律的探索。这对从事基础教育的教师和学生家长有非常宝贵的启发意义。在书的最后一章，卢老师拓展了他在教育方法上的探索，以自然教育的方式带领少年儿童在大自然中活动，以弥补现代人在城市环境中失去的行动力和感知力。近年来在各大中城市，类似的活动已被许多学生和家长接受，未来必将促进学校教育的改进。

最后，作者在理论分析部分使用了德国人智学家鲁道夫·史代纳（Rudolf Steiner）提出的概念，与心理学中的术语不完全一致，这是读者阅读时需要注意的一点。

初版序

蒙令华

作为卢安克老师在中国相识多年的朋友和他书稿最初的读者、编辑之一，我也被认为是最了解、最能读懂他的人之一。对此，除了感谢他的信任，我一直觉得这其实是我的幸运，由此增添了更多认识自我的机会。不过，我自己并不从事实际的教育工作，长久以来，虽然跟卢安克老师保持着密切联系，但近距离地去观察、感受他的教育研究活动的机会并不太多。为此，在写此序言时，除了总结跟卢安克老师一直以来的沟通和交流所得，还引用了他的一些文字——我想这可以理解为是由卢安克老师来讲述，我来记录。

要理解本书，我认为读者首先应该了解的是卢安克写作主要依靠的基础：第一，鲁道夫·史代纳关于人类成长过程本质的研究。卢安克翻译了史代纳的很多著作，并在翻译过程中学习了关于人类特质的内容。归结起来，主要是关于人的意志、情感、思考，或者说是关于人的身体、灵魂（灵心）、精神的研究。当然，关于这一点，还要注意到鲁道夫·史代纳与其他研究者之间的区别，比如关于人的意志（行动），鲁道夫·史代纳认为那是在无意识的状态中发挥的，而其他研究者则认为是有意识的。

第二，是卢安克在广西壮族自治区东兰县一个山村的一所完小给学生上课10年，他与学生共同创作并在其中做了最细致的观察。

也许还可以列出第三个基础：卢安克在德国长大，但德国和中国的社会，他都没有真正接触过，所以更容易进入那种与孩子一样的、思想不受社会干扰的状态。

在这里，我想详细说说第二点。卢安克之所以去东兰也跟我有一定关系——他不喜欢，也觉得无法适应城市生活的节奏，想去贫穷的地方教书、生活，于是我便推荐并协助他去了东兰。直到差不多两年后的2004年5月，为了协助编辑、修改他的第一本书稿《与孩子的天性合作》，我自己也第一次到了东兰县切学乡板烈小学。那时候，卢安克在东兰其实已经经历了很多变化，他最早居住的乡镇、村落和任教的学校，都发生了变迁。当然，所有这些变化都是随着他个人的际遇、行走和思考而自然发生的，属于他个人命运中的一部分。其中很多细节，在他的第一本著作中都有描述，在这里不再叙述。

10年前的板烈，给人的感觉是还处在一种半封闭的状态中——通了电但常常不稳定，有破旧的中巴车开往县城，只有一下雨就泥泞不堪的村级路，少数人骑摩托车，多数人仍然靠步行，部分人开始用手机……本地人或者是我自己，可能当时都没有意识到后来越来越快的变化步伐，也无法想象10年后的情景。那时候我印象最深的，一是板烈及周边村落山上村民的房子。房子大多是那种用垒起的泥土和木头混合建起来的，人和牲畜混居在一起（牲畜在住家的下面或是隔壁）。二是村里的人。卢安克刚到板烈时，村里的大部分成年人都在家务农，卢安克的学生也因此都能够和父母住在一起，不存在"留守儿童"的问题。但大概从2005年起，越来越多的成年人去了沿海城市打工，或是到邻县帮人挖矿，留在村里的人开始以老年人、妇女居多。而那些学生，也就成了被媒体和公众称为"留守儿童"的群体，其人数在学生当中的比例最近几年甚至超过90%。直接反映出来的现象就是：板烈小学从学前班到六年级的学生，除周末以外，一大半学生平时食宿都在学校，三十几个学生住一间，两个学生共用一个床位。

人们谈论起"留守儿童"时，多半都是沉重的话题，媒体也一直都在强调着"留守儿童"问题的严重性，也常常能读到很多打动人心的文字和讨论"留守儿童"问题的文章。但遗憾的是，我们在字里行间所能看到的解决办法，却常常只有"加强""改善""加快"等政策性条文，或者是在一些机构、公众人物发起的慈善活动、论坛研讨中听到的高谈阔论。不得不说，政策性的条文或"慈善""论坛"名义下的活动，所有这一切其实都是以城市人的想象和价值观为出发点，并没有从那些寻找自己可以归属什么的农村小孩的心理来考虑，也不能作为农村老师可以使用的适合留守儿童心理的教育办法。

卢安克寻求的对于留守儿童的解决之道则与此完全不同——他跟这个贫困山区小学的留守儿童共同生活了10年，并在这10年之中观察他们，与他们一起感受，一起做事，一起成长。他所观察到的，是一种纯粹的人的自然成长过程（甚至在完成本书之时，那些原本的留守儿童成年之后生育的孩子又成了卢安克的学生）。正是通过长久地跟学生一起经历，替他们感受，才使卢安克的心里没有了可以阻碍精神传流的想象，他才仿佛突然地，实际上是水到渠成地能意识到某些规律或事情。这样与留守儿童共同的经历和感受，不仅仅是一种研究方法，在卢安克看来，也毫无疑问是最适合去帮助留守儿童的方法。不过现实的悖论是：这些留守儿童的父母们，为了追求物质上的改变，为了追求从物质上帮助留守在家乡的孩子，不得不把自己的孩子变成了留守儿童，变成了在心理上找不到权威和归属感的"小野人"。卢安克在事实上还成为了他周围的留守儿童在心理上的权威和依靠。

在把乡村儿童作为研究对象这个方面，我们还应该感谢卢安克的一点是：10年过去，伴随着现代文明、经济发展的冲击，他在书里所提到的许多状况都已经属于过去时了，现在已经没有这些情况，也已经没有对这些情况进行研究的机会。就板烈来说，那些外在的生活状况已经改变了，外出打工者挣回的钱已经把原来的泥土垒起的房子几乎全都变成了水泥砖砌成的新房，人们的生活方式在改变，旧的传统在消失。甚至，板烈小学学生们的生活状况也已经改善许多……只是农民的心灵根源还是原来的样子。

卢安克的这本书就是这样形成和写作的。所以，它既不是一本工具书，也不是一本纯粹的知识书。因为书的内容是伴随着卢安克的成长过程而来的，所以有时还会出现后边的内容推翻前边的做法的情况。因此，读者如果期望本书对自己产生什么效果的话，其实并不需要记住它的内容,只需要去感受,从头到尾和作者本人一起去经历这个过程就行。也许只有这样,这本书才能推动读者的思维。

最后,还是引用卢安克老师自己的话来作为收尾:真正的农村教育研究不可能是在办公桌上计划的,而只能是通过自己在农村的生活,通过把自己的命运交给学生来发生的。

2013年8月29日于北京

板烈小学学生集体创作的长卷

　　水彩画是全班同学在2～3天的美术课上共同完成的长卷,每幅画的长度超过两米。全班同学在课堂上一起画一幅画,大家轮流修改同学的作品,使越来越多的想法和感受互相影响。在第二天的课上,大家又看到前一天留下的结果并在这个基础上继续。这使得班里同学们的情感发生了矛盾、冲突,以及调整和融合。不过,这些全都是在这些画上发生的,不是人对着人发生的。这样,这幅画就把大家的心用可以看到的方式联系在一起了。

C 目录
ontents

真 实
让教育适应真实 /002
寻找学生的梦想 /011

感 觉
清醒是难受的 /026
感觉的过程 /035
培养幼儿的感觉 /041
培养感觉的活动 /051

活动经历
去观察 /060
改造环境 /079
发挥意识 /094
创作 /111

意识的发展
我最失败的活动 /128
寻找新的力量 /136
人类意识的发展 /144

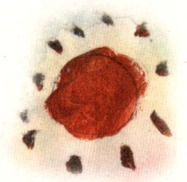

跟学生创作电视剧《三个世界》/152

意志与意识
智力与意志 /180
怎样引导行为 /187

创作会带来什么
跟学生创造文化 /196
顺序传达的力量 /203
结果会带来意识 /209
跟学生创作电视剧《和平剑》/217
跟学生创作音乐片《在乎》和《梦别》/225

归　属
老师的心态决定一切 /240
影响力的后果 /250
留守儿童的归属 /257
跟学生创造《心镜》/262

寻找内在的自然
非目标的力量 /270
寻找内在的自然 /274

附录一　参考书目 /285
附录二　延伸阅读 /286
附录三　卢安克教育活动年表 /287

真实

我不是什么理想主义者。我认为，理想没有什么用，因为我的学生还有学校的教学条件不符合理想。我必须不断地去寻找不理想的解决问题的办法。

让教育适应真实

为了保证教育的质量，我们可以制定出很多规则，来让每个老师都达到标准。这样，全国的教师都能做到同样好的事情，都能提供同样好的课堂。这就是所谓的计划教育的含义。但是，制定规则的人怎么可能知道每个班里发生的事，怎么可能知道每个学生正在需要一些什么呢？每个人都会带来他自己与别人不同的命运和他根据这个命运（包括天赋）要学习的不同于别人的才能和发展道路。虽然，要学到的知识都是一样的，但具备不同特点的人也就需要不同的学习方法，需要走各自不同的生活道路，需要具备不同的能力。

我们虽然能说出各种各样的方法，能定下在什么情况下该怎么做，也可以举出其他的一些规律和知识。我们能知道的事情虽然很多，但这样的知识本身并不起什么作用。知识不会改变我们做事的态度。重要的和起作用的，是理解，是对这些事实的感受，然后让这些事实来改变我们的心，让我们培养出一种适合做事情的心态，然后再以这种适合的心态来行动。而培养这样的心态所需要的，是观察，是以适合的方式、以认识人类的方式去观察，而不是对规则、对知识的了解。

我没有什么教育理念，我只是去观察学生，然后让我的教育去适应我所观察到的实际情况。我对现在教育的普遍感受是，在某个人的办公桌上设计出一种模式思维的理念来编辑一套课本，然后把这个理念强加于事实。对小孩来说，这样的教材其实是他们很不熟悉的，是忽略了小孩天性的。当然，在只接触到这些之后，他们也会适应，但同时，他们也会失去自己的天性。这样的话，还不如我在学生的生活中去寻找我们课堂的内容。图1-1为广西壮族自治区河池地区东兰县板烈村坡远屯。图中在树下的那个小房子是当时的教学点。早期的坡远屯学生都是读到三年级才从这个教学点转到板烈小学。

图1-1　广西壮族自治区河池地区东兰县板烈村坡远屯学生的家

　　如果我们有了对于什么是理想的人的想象或定义，如果我们想让所有的小孩都变成跟我们这个想象中的理想一样，这也是在忽略小孩自己已有的东西。这种"小孩该怎么样"的想象就像一堵墙一样站在老师与小孩之间，不让他们发生真正的交流和理解。

　　但如果我能够去观察小孩的成长过程，我就能发现：一开始好像没有自己特点的小孩，慢慢地会形成和表现自己带有的某种命运，包括某种个性、兴趣、才能、追求和问题。如果没有这些，也就没有了使命。在成长的过程中，具有自己特点的精神因素会越来越清晰地从他物质的身体表现出来。通过这样的观察，我就感受到了进入物质世界的精神，也感受到它进入物质的原因和困难：只有在物质的生活中，精神才能经历到考验，才能有发展。然后我就能问自己："我怎样才能支持和推动这种精神所需要的过程呢？"当我提出这个问题的时候，我并没有对某种目标的想象，仅仅有对于所观察事物的爱，而这种爱就会起作用。

通过孩子外在的表现，我们能学会去观察他们内在变化的发生。比如说，一个人声音的特质或者走路的样子，这都能表露他的心理状态。如果老师们都能通过观察这样的身体表现去观察学生的内在，老师们很自然地就能找到适合学生的做法，从而再也不会跟学生心理的发展规律作对。这样的话，我们也就不需要上级给老师们提什么"保持质量"的要求。

有时，我会在我们学校里观察到那些访问者、志愿者与当地教师之间的误会。这些误会有时会使他们做不好自己的工作。不管是我还是别人，问题的根源来自于存在着不同的现实。比如，按照城市的现实来说，很多农村的事情都是不可理解的，或者按当地教师的现实来说，访问者的疑问也是不可理解的，这样就一定会造成大的冲突。每个人都生活在对自己的圈子所处的那种现实的想象之中。我们都从这个角度来判断事情。而且，根据不同的想象世界，同一件事情的意义可以变成完全相反的。我们的想象能变成事实，是因为自己发挥的想象在无意识之中会影响我们对别人的态度和行为。而别人当然能在无意识之中感觉到我们对他们的态度，从而改变自己的行为。首先，只有自己对别人的想象，然后，通过受自己想象影响的态度，我们的想象才变成了事实。

有的理论家也一样，是生活在自己思考出来的模式之中。这些模式本身并没有错误，但它们给我们带来的对生活的理解却是错误的。比如说，根据相对论来说，我去某个城市，还是某个城市过来，都是一样的。但如果以感受的方式去观察，我去的话，就会让我感到累和锻炼身体，而某地方过来却不会使得我累和锻炼身体。这样在想象上建立的思维模式很容易就会让我们相信那些对我们的感受无效的事情。

为什么非常聪明地想出来和制订的计划、目标或规定往往起不到任何作用呢？这是因为，这些计划、目标和规定并不能给人带来力量。反而，它们还会让原本的力量萎缩。只有从自己的观察得来的感受才会给我们带来做事的力量。这就是为什么观察有那么重要的原因。为了不让别人的力量消失，我永远都不要建立自己的体系。假如，我也去建立某种体系，这对别人来说只会是一种站在自己与小孩之间的、该怎么样的规则，会让他们接触和认识不到小孩的事实，因此也会让他们失去自己的观察所带来的力量。我认为，一个班所有的教育方法，都必须从这个班特有的学生和老师中找到。

每一个老师都有自己做研究的必要，否则，过一段时间他就会失去"坚持"的力量。只对方法感兴趣，但并不知道为什么这样做的老师一定会失去自己的力量。但如果他会做研究，那么他自己所做的事情在他的感受中根本不是一种坚持，而更是一种不断更新的源泉。为什么呢？如果他能了解到人类在物质中的出现所基于的精神规律，如果他能了解所有的事情与人类发展的关系，他就能从自己的观察中找到自己的做法，就能感受到一种巨大的使命感。

  我不是理想主义者。我认为，理想没有什么用，因为我的学生还有学校的教学条件不符合理想。我必须不断地去寻找不理想的解决问题的办法。假如，我去想象理想的学生应该是怎么样的，假如，我把理想当成我工作的根据，我就无法看到学生的事实，总是会做错误决定，总是跟学生的心理需要作对，从而什么事情都做不成。我必须把学生原有的不理想的情况和特点当成我自己做法的根据。为了这一点，我就要去观察，再观察，要适应，再适应，而不是根据我对于理想学生的想象来决定自己的做法。图1-2是乡下的现实环境。

图1-2　在乡下陪伴劳动着的朋友

  所有教育行为的基础应该是对学生心理状况的观察。如果能学会观察，老师还能通过身体的表现看到学生的心理动力是如何消耗了身体的物质，使物质精神化，从而给精神留下发挥的空间。我们不仅要观察表面上的才能，还需要观察得更深，以便判断身体与灵心的配合是否健康。否则，我们怎么避免一个单单是聪明的人在以后的生活中会变成疯子？我们能观察和判断，是因为小孩身体的动作都表现着他灵心的发生。在成人的身上我们不能这样做，因为成人的灵心已经从身体解放出来了，成人心理的发生是隐蔽的。

纪律的问题也是这样。对于小学生来说，规则或规定本身并没有什么力量，只有老师以他的权威才可能给小学生带来遵守规定的力量。我还是要作为他们通过情感和意志接受的，在他们情感和意志中的权威。不要通过规则，而要通过美感让他们感到什么是正确的。在他们提出问题的时候，也意味着我不应该去寻找某个说明来作为答案，而要把我的人格作为对他们问题的答案。只有完全相信自己答案的老师才可能作为学生心中的权威。

学生在寻找一些根据。所以，我需要让学生感觉到在我背后存在的、比我更高级的精神力量，需要让他们感觉到：因为我崇敬它，我就自觉地去遵守。如果学生能感觉到，我因为信任，就自由地跟随着这种力量，他们也就能尊敬我。一个只相信自己的人是没有什么可尊敬的。所以，在回答学生问题的时候，我需要让他们感觉到：我给予的答案不是从我自己的头脑中想出来的，我付出的力量也不是我自己制造的，而是从我背后、比我高级的精神而来的。所以，我爱着这个精神。如果我仅仅从逻辑上来找一些答案对学生说，他们就会感到我们的世界是空洞又无根据的，就会使他们失去依靠和信任，从而陷入一种混乱。

唯一长久有效的，是对学生内在的观察，让课堂和自己的态度都变成一种对所观察事物的答案。只有这样，我才能让自己的爱进入到学生的心里。所有对学生该怎么样的想象都不符合事实,都只能造成一种老师与学生之间的"分隔墙"。在我能够用观察来代替我所有对学生的想象的那一天,纪律的问题也就应该消失了。

其实,如果我有一个让学生总是听话的办法,让学生应付我的要求,让他们参与我课堂计划的办法,学生就不可能跟我一起经历事情,不可能克服困难,也不可能从事情和克服的过程中学到某种才能。但是,在以后的生活中,只有学会了自己去克服困难的学生才可能建立一个和谐社会。我不要去想把他们的特点和力量压下去的办法,否则他们长大以后也没有了建设社会的力量。更好的做法是利用他们的力量,让他们做一些需要付出力量的事情。

只要多年稳定地跟学生合作,只要把自己的命运交给学生（允许学生的事情影响到自己的命运）,用不了三年,纪律问题自然就消失。但如果我有目的,比如是教学目的,或者我想让学生变得与我理想之中的他们一样,我就无法把自己的命运完全交给学生,而学生在无意识之中也会感到我的不真实。所以,他们就不会接受我。好像我的目的站在我与学生之间,把我们隔开。如果我没有了目的,而百分之百地信任学生,他们就会感到我的真实。这就是为什么有目的的教育起不到作用,而把自己交给学生就能起到作用。学生只能接受我们整个人,不可能只接受我们想让他们听的话。图1–3为在学生家里体会他们爸爸的角色。

我为什么能自由地去追求,能自由地发挥自己的使命感,而不像别人那样被压在社会责任的牵连之下?原因肯定不是我有

图1-3 耙田

了不同的才能。原因根本不在我的身上。我的很多朋友具有的力量比我具有的大得多,只是父母给他们带来的阻碍也比我的大得多。我们能做的原因更多的是,我们的父母允许我们这样做。以前,父母对于我们也有一些期望和想象,就像大多数家长一样。他们当时也希望我能有自己的收入、自己的医疗保险和社会保险,甚至有自己的房子和自己的家庭。他们希望我能处理好我自己的生活情况,不用受太多苦,就是说,希望我有稳定的保障,对未来不要有任何的怀疑。

他们以为是在为我着想,可是幸好有一天他们发现:为了满足父母的愿望,为了实现社会保险等目标,我会失去我的理想。他们这样的愿望不是为了我,而是为了他们自己。他们这样的期望否定和影响了我的生活道路。在发现我活在世界上不是为了把个人的生活安排得更好时,他们就放弃了所有对于我和哥哥的期望。他们放弃了期望,实际上是给了我自由,使我能做一些我认为在世界上需要有人做的事。现在我爸爸跟别人说:"人不能什么都要,人要做选择。如果我的儿子想做一些别人不会做的工作,他就必须放弃别人追求的一些事。"

我从来不需要别人对我的理解和认可,我只要自由就行。后来我也不再追求意义了。假如我考虑意义,比如想为其他人群做点什么,这种"意义"仅仅存在于我的想象中,甚至是虚拟的。只有"喜欢"才是真实的,因为只有喜欢才没有了背后的目的。欢乐和激情能带来真实的活力,想寻找意义的人塑造的仅仅是某种形象。

寻找学生的梦想

我生活在云贵高原的边缘,在一个除了山之外没有任何平地的地方。由于山下太挤,村民的家都建在半山腰。这样一来,我们村就分散得很远,形成很多小屯,屯与屯之间距离一两个小时的山路。

我想在这里先给你们介绍我和一个失学小学生的一段对话:

我:"听说你们村有个男孩前段时间请人来打我们屯的一个同学。"

他:"是,是我。当时我也在,可是因为打不过他,只好让我的朋友出面。"

我:"为什么呢?"

他:"因为两年前他打过我,我又打不过他,现在就请朋友帮我报仇。"

我:"他以前为什么打你?"

他:"有一次洗米,他把毛巾上的水弄到我的米里,我就骂他。他受不了被年纪小的同学骂。"

我:"就因为这一点?那你现在心里满意了吗?"

他:"是的。"

我:"听说,被你请来打我们屯男孩的那个朋友现在必须退学。这样值得吗?"

他:"值得。他也不想读,只是他爸让他读,跑去说服了老师。如果你们屯的那个再打我,我就会打电话给黑帮,我哥哥跟着他们,他们就会把你们屯的男孩打成残废。他们不怕打，也不怕死。我不让他死，只是半死。"

我："如果有人打我，这不影响我是一个什么人，因为他们喜欢打架跟我无关。但如果我报仇，我也成了一个打架的人。这才影响我是一个什么人，因为我也变成了一个打架的人。"

他："可是这样心里不舒服。"

我："你是不是觉得，没有打架、没有人受伤，就没有了刺激（感觉），太无聊？"

他："有人哭才好玩。拿你的手，这样，如果我这样搞……"

我："就很痛。不要。"

他："那你搞我的。"

我："我干吗要让你痛？不痛不好吗？"

他："没有打成痛（没有感觉）的生活没有意思。前几天我又去学校（小学），问老师能不能再读书。他说我太调皮，不敢要我。我就告诉他，如果他不要我，可能过几天他会出事，会后悔。"

我："以后别人不是更不敢要你吗？"

他："也是。"

我："这样的事不是你自己造成的吗？"

他："是的。你能不能在我们村搞活动？我想参加。"

我："你想做什么活动？"

他："你来安排。"

我："我觉得，最大的问题是，你们不知道需要做什么才好。所以我希望你们自己来决定做什么。"

他："我想设计和做衣服。"

这个男孩无意识地寻找的就是感觉，也就是超出物质范围的感受，所以他才想到伤害的办法，可能还想尝试死的滋味。如果避免了所有的灾难，我们同时也就回避了所有能治疗心理的机会。小孩为了心理的成长必须去追求有时包括危险的体验和感受。如果外界不让他们追求，青年就会用吸毒等手段。我认为，青年所有的行为都是被感觉（包括情感因素），被他们对感受的渴望而引导的，所以我只能先去培养他们的感觉，这样就会自动地对行为起到作用。

两年前，我们屯喜欢挑衅大人的小孩问过我："你为什么不打架？"他们说，因为我身体高，应该打架。根据对自己的感受他们就觉得，还手和打人，还有被别人打，都是很威风的，但其他的因素，他们并没有感觉到。过了两个月，他们就放弃了对我的欺负，因为我都没有报仇，好像虽然被欺负了，可心里并不在乎一样。我不去反应是我的自由。现在他们已经忘记了当时的感受。他们现在已经能感觉到其他因素，会用心、完全和谐地投入其他的玩法。是我的自由帮助他们改变了自己。图1-4为周末时去学生家，陪他们一起玩。

我认为，心理脆弱的人才有保护自己的必要，才想到打架，因为他们受不了别人批评他们。心理坚强的人才能受得了别人任何的对他们的做法，而且由于能够承受，他们不仅不会引起对方的报复，还能让对方觉得"他怎么不被自己的感受而控制呢？"使对方不得不改变他对于心理坚强的人的看法。通过承受起作用的力量不是个人具有的，而是比个人具有的更大的另一种力量。

2002年6月，林广屯没有上过学的青少年（14~18岁的女孩）请

图1-4　乡下自由自在的日子——周末时在学生家陪他们一起玩

我教他们说普通话。有的人想的是让我教给他们一些知识,有的人也想象我会让他们的屯发展(富裕)起来。

其实,我并不想教给他们知识,而是想帮助他们学会创造自己的生活,通过行为和感受给他们一种比知识更基础的力量。我觉得,为了帮助解决在自然环境中乱发挥的、难控制的思考,他们需要一个很有规律的环境。物质环境中的规律会引起思考中的规律。但为了不让头脑里形成的是一种理想化、不实用的规律,我们给环境带来规律的建设任务一定要根据生活的需要去寻找,不能搞那种专门为了小孩而假造的任务。图1-5为我与林广屯没有上过学的青年一起设计和制作衣服。

有一天,屯里的人请我帮他们建一座桥。我想,我虽然不能解决经费问题,可是这是个跟学生搞实际活动的机会。我们可以把生活中的事情当成学习机会,实施从发现环境的需要来培养学生的做法。

图1-5 设计、制作衣服

我希望学生能脱离他们由于社会过于固定标准而造成的思维模式。为了尽可能发挥自由的想法,我先不管他们的设计现实不现实,让他们随意发挥想象,然后让他们在我的帮助下想象得越来越具体、画出图形,然后再做模型、做实验来设计我们屯需要建的一座实用的桥。

可是他们又觉得,画图和创造只是玩,自己计划、设计和想出的都不会有什么价值,也不会有用。他们也欣赏不了自己做出的东西,甚至不敢让自己所做的具有自己特点的东西存在,一做出来,就把它毁掉。只有标准的、与自己无关的设计,他们才觉得有价值。所有从自己的感受来发挥的思想,他们都否认。

所以我问学生:"这是你们自己想建设的还是别人想建设的桥?"他们说:"我们希望由上面的人来安排,让我们来做。"

我又问:"你们的生活是你们自己的,还是别人的?"他们听不懂这句话。后来有一段时间,他们没有来参加我在上午的创作活动。

为什么我的学生希望我只让他们做几亿人已经找到过答案的作业题,而不愿设计自己真正需要的桥?我一直在思考这个问题。不过,他们晚上还是会来学习普通话。

我每天让一个学生给同学们讲自己的故事,一个小学毕业的男孩帮我翻译成普通话,我再用拼音把故事写下来。这样,每个学生都能得到自己的、与同学不一样的拼音课文,而且因为他们对自己的故事很熟悉,在我们练习朗读的时候也不需要再说出课文的意思,他们很自然地已经知道。

过了一个月,学生偶然回来参加上午的设计活动。为了桥的设计,为了了解建桥需要的力学原理,我们做了各种各样的模型。我们用纸、泥土、铁等材料做模型来进行实验并把它们画出来。我们根据实验得到的知识在图上做了修改后,又画了更规范的、按比例的图,再根据这些图做出了一个很细致的、更好的桥的模型。这样,我们多次把实际立体模型的结构转换成抽象的平面设计图,再把抽象的设计转换到实际的立体模型,让学生越来越具体地控制自己的想象力。

有一天,我和学生们用纸做成房子的模型后,我说:"这是我们这幢房子,那你们说,我们邻居的房子应该怎么放?"然后,我让学生把整个屯的房子都放在它们的位置,又画出怎么回到他们各自家门口的路。再后来,我叫学生从上往下看,并把整个情况画了下来。这成了他们见到的第一幅地图。第二天,我们又爬上一个山坡，根据我们看到的情况来修改地图。

过了一段时间我问学生，怎样才能在我们的图上计划改造屯里的环境。学生说，最难受的是村里的小路在雨天走不了，出太阳时又热。于是，我们画了一条理想的路线，并考虑到了人和牲畜走路的需要，再设计了几处需要种树的中心地带，给整个设计一种比较自然的、像中国画所表现的那种形态。图1–6为与没有上过学的青年一起设计本村的小路。

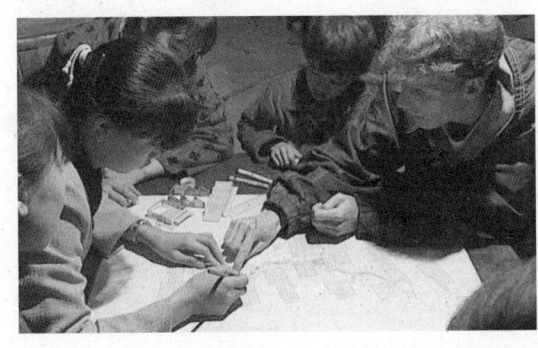

图1–6　在农村做计划是很困难的事——设计本村的小路

我们做了实验来看怎样的路和台阶走起来最舒服，再计划我们为了实现设计所需要的一些工具。

第二天，我们就写了一份改造广拉屯的项目报告。广拉屯的人看到报告后就开会，大家共同行动起来修屯里的小路。我的学生也为自己成为这个项目的设计师而感到骄傲。他们第一次为了自己的设计课紧张起来，忙着参加他们本来认为没有用的学习。见图1–7。

在我们去河边运沙子时，学生说："下午我们不上课吗？"他们还不懂：我们的设计项目变成真的了，我们的思考工作已经

图1-7 在农村做设计很难,修建的过程反而很容易——修建自己设计的小路

转入动手的阶段,这都是我们的课程。

这时,我们晚上的课开始学数学,没想到数学的思考方式他们接受得特别快。我们很快就算出了修屯里的小路需要多少袋水泥、多少钱,多少沙子、每个人要扛多少,等等。

我原来希望我们的活动能让学生感受到自己的才能、自己最适合什么,使他们发挥参与社会建设的愿望和责任感。学生做的事情不仅与自己要有关系,同时也要联系到整个社会的发展。我想让学生意识到环境的需要,从这样的意识中找到自己梦想的项目,然后他们再根据自己的想法去实现。不过,他们还是找不到,也没有自己的梦想。所以我认为,我的活动失败了。

山里的人还是依赖(脱离不掉)自然环境的某些力量、传统的思维方式、民族、村庄和家庭集体的感受(集体的灵魂)。这些因素会迫使他们做某些事情,使得他们无法自由独立地去思考,他们跟环境融为一体。图1-8为在河里洗牛的青年。虽然他们也会觉得自己的社会不理想(破坏、打架,等等),不过他们无法意识到:这个社会是他们自己做出来的,如果自己不支持它,它就会消失掉。他们想得更多的是,新东西都从外面进来,用完后会有新的。

这里的人虽然接触到了现代意识所造成的高级技术品,但他们并没有接触到能造成这些东西的意识本身。结果,这些技术就像迷信一样会控制他们,并把他们的生活变成没有真实根据的。其实,玩电子游戏的小孩更是这样。正常的和健康的心理过程刚好相反:先发挥新时代的意识,然后才跟这种意识造成的东西接触。因为这里的人经历的过程是,从什么都没有的状态直接到达结果,并没有经过创造这些技术的过程,所以他们对于生活的看法就变得那么无力。

本来,我在偏僻山村做教育实验的目的就是把这个过程再倒回去,使山区的人能经历正常健康的过程,能发挥去建设自己社

图1-8 这里青年的日子就是这样过的

会的力量。我想让学生先发现自己的梦想和我们班里的任务,再做发明,最后再让他们跟自己做出的结果接触。我认为从青春期开始,任务是每个人自己才会发现的,再也不可能由别人安排。

如果一个人找不到自己的生活任务,又不能参与别人的事情,他就不懂得该做什么,会感到很无聊。如果没有找到自己的生活任务,他只能根据别人的看法、理想和价值观去生活。根据别人的要求做的事会让人感到自己没有力量,只留下应付上级的做法。所以,根据别人的看法、理想和价值观去做事还会使人放弃社会,会使人产生腐败的想法。但是,如果根据自己的认识去做,这会给人带来很大的行动兴趣,使得很多事情变成有可能的。这不仅能代替压力,能提高工作质量和效率,还能让人感觉不到苦,反而感到快乐。所以,我不愿意进行"计划教育",我想观察学生,以便发觉他们自己的理想和任务感。

这样的一种任务感基于一种这个时代所独有的意识。在这里所说的意识不是自我意识,自我意识是关心和关注自己的,但我想说的意识是超出个人角度的。我们一定需要接触到除了现实生活之外的非个人因素,就是精神。如果不加进这种超出个人角度的精神因素,人根本发挥不了意识的力量。现实的生活反而会让人失望并失去力量。

如果一个人虽然知道这些,比如有这方面的知识,可是却不改变自己的做法,并且说"我控制不了自己",那么他具有的只是聪明的智力而不是意识。智力比意识低级一些。智力只是聪明,能够很聪明地考虑怎么说服别人、利用别人、让别人去做自己没有力量去做的事。也许智力会让我们知道什么是好的,什么是不好的，但它不能把抽象的知识与自己的行为联系起来。意识则不一样。如果一个人意识到自己的做法如何造成好或者不好的生活环境，他就会改变自己的做法并以好的方式去影响周围的环境。虽然这种意识只能在头脑中达到，可是它会去控制四肢的行动。

我身边的人缺少的就是这种感到自己有任务的意识。他们的感觉还是在无意识的四肢中发挥的，还没有转移到有意识的头脑中。在做活动的过程中，我越来越明显地发现：这里人的感觉不同于我的感觉。比如，我刚来到这里的时候，如果砍木材，我能从它裂开的样子感受和意识到它生长的过程。在坐车时，我能感受到车（老旧的车）的某些地方接受的力和车轮压着路面的土。在用一台机器时，我能感受到它的结构弱点和把它用坏的可能。在看到腿被绑住、头朝下的鸡时，我能感受到它是多么难受。可是别人想象中存在的复杂的情感关系或者面子的伤害，我又不能感觉到。图1-9为周末时在学生的家里陪他们玩。

图1-9 农村的生活不用期待什么——周末时在学生的家里玩

如果这里的孩子要唱7个音的歌，唱出来的实际上只有5个音。根据他们的内心状态，他们只能感觉到传统的5个音，怎样才能让他们的感觉范围扩大？对线条的美感也是一样。还有颜色方面：他们只能意识到颜色的两种基本特征，就是暖色和冷色这两种基本特征，意识不到更细微的区别。甚至，学汉语拼音的时候，从他们没有送气的发音就能知道他们无意识的状态。有时候，他们的感觉器官又发挥得那么好，甚至能感觉到城市人感觉不到的事情。那么他们为什么感觉不到7个音和线条的美呢？只能是他们的感觉器官感觉到，可是却意识不到。

　　这里的人在感觉中没有发挥意识，没有发挥那种让他们难受，然后想改变自己和周围环境的意识。意识不到状态，他们当然想不到改变。

　　因为我的感觉不同于他们的，所以我在这方面碰到了很多问题，我就越来越对感觉的研究产生了兴趣。一方面，如果他们能从自己的感受来做事，这种意识就能代替那些破坏理想和责任感的要求和标准。如果能发挥那种替环境感受的意识，如果能培养美感等感觉，不美的就会让人难受，使得他们再也不想破坏环境，而是创造并爱护自己所创造的环境。我认为，如果先培养感觉中的意识，物质环境的改造是免不了的，而如果仅仅拿钱去改变物质的环境，这个环境很快又被感觉上无意识的人破坏掉。

　　但如果意识到了，这也会让人很难受，因为在他们的环境中发生了太多无意识中的破坏。所以也可以说，他们意识不到、变得麻木，是一种保护自己的需要。这种恶劣环境长期以来的影响不仅使人麻木起来,也造就了一些让人麻木的"文化",比如喝酒。小孩起先还不属于这种文化(社会),不过他会吸收这些。在上小学时,他会去反抗这些以喝酒为主的成人社会,因为他不想变成像这些已经麻木的成人一样,可是同时,他又在这些成人中去寻找一个能依靠的权威。到了青春期,一般要出现理想的时候,封闭山区的大部分孩子在内心中就已经输掉了抗议环境(文化)影响的"战争"。因为在小学年龄时没有找到依靠,他们在青春期时也已经失去了自己理想的力量,并变成与成人一样。图1-10为学生周末在家里劳动。

图1-10 在农村去思考比劳动还要累——周末时学生在家里劳动

从而,身边环境中的思想怎么样,他们自己的思想也就怎么样。自己的,他们都已经放弃了。对一个没有个人独立思想的、已经放弃的人来说,所有的知识或压力都起不了作用。能起作用的只有相反的力量,就是拉力。我能给的拉力是:我在没有希望的屯里实践跟屯里人不同的生活方式,给他们看,让他们参与。

在我有追求的时候,他们有希望,因为他们同情我,在心中感受了我的追求。对我的生活他们没有放弃。如果想让他们心里孕育什么,我只能先追求自己的项目,让屯里的人在心里同情我,给他们一个参与我行为(活动)的机会。然后,他们的思维才有可能参与到他们的活动(行为)。

感觉

教育应该让孩子们感觉和意识到他们所处的环境和时代的需要,再让他们感受到自己的才能,使他们能找到属于自己的改变世界的生活任务。

清醒是难受的

我们人所有的感觉器官都在不断地工作，有的甚至在睡觉时也在工作，这是免不了的。而且，农民的感觉器官比城市人的还要灵活。不过，没有主动意识的话，他们就好像没有了感觉一样。但我要达到的目的是，让小孩主动地去意识到他们的感觉器官所感觉到的事物。

在发达的城市，人的生活空间比较封闭，就像人的头颅一样。在城市，每个人都有属于他自己的空间，就像头颅里的、别人看不到内容的空间一样。在这种环境中发挥意识去思考，比农民在集体的、自然中的生活容易得多。农民的思考被自然有生命的环境分散和吸收了。自然环境中的生命力（构造生命的力量）对人起到非常强的作用。自然环境进入并存在于人们之中，它把神经里的思考排斥出去，让血液活起来并让人不清醒。在自然中的人，他们的思考斗不过自然的作用，就只能接受它。图2-1为学生周末时在家里疯玩。

图2-1　周末时学生在家里玩

夏天，自然环境把我们拉到绿色的梦中去，夏天的自然界像生命一样是睡眠中的；冬天，自然环境停止生长，而这种像神经一样的、接近死亡的状态则更适合清醒地思考。思考所需要的物质基础是神经，而神经是我们身体中唯一不发挥生命的东西。

知识分子的思考容易被无生命的、很像神经的建筑物质（环境）集中，而且被无生命的电子技术（媒体）集中成幻想。电子产品与头脑中的神经有共同的特点。在这种用没有生命的材料建造起来的封闭的世界里，知识分子模式化的思维不会紊乱，容易形成独立的基于想象和逻辑的规律。可是农民则不一样。村里的劳动让他们非常难受，阳光炙热难耐，而人在自然环境中的感觉就好像被它吸收了一样。因为受到自然环境的这种"吸收力"，人很难避免让自己的情感（在这里所说的"情感"包括各种各样的情绪、好感、反感等推动我们的力量）和注意力以接近做梦的方式融入环境，类似"睡"在环境中。在承担体力劳动时，自己的思考只能跟环境融为一体而没有了意识。在体力劳动时，属于自然环境的精神力量来控制人，而属于个人独立的内心世界就被排斥出去。通过行动，人们都把自己与环境联系在了一起，同时麻醉自己。如果一个人要思考，他就需要把自己的头脑封闭、独立起来，才能创造出那种发挥想象的内心世界。所以农民觉得，有生命的自然环境是乱的，而死的水泥却能规范，就不乱。假如农民在体力劳动时还要思考怎么做，这只会使他们受不了而停止工作。农村人非常难以思考，大自然不断通过四肢的动作来吸收并消灭人想独立思考的内容，个人的内心世界都被吸收和消灭掉。

在环境中劳动着的人以睡眠的意识状态融入环境中，主要是以他们的四肢参与到环境并与它融为一体。除了来自环境的内容之外，他们没有其他的想法。虽然可以说，这样是一种很原始美好的状态，不过不能说，他们这样做对环境都是好的，因为他们沉浸在环境中的时候不会主动意识到自己在做什么。

比如，我们在屯里种的树总是被村民无聊、没有意识的手折断，或者年轻人无聊得手痒就想欺负儿童，也是一种没有真正意识到儿童的本质而产生的问题。感觉没有意识而得到的结果必然是：我们破坏甚至毁灭自然环境。过去的人只是没有破坏的技术和能力。有了能破坏的技术，现在的人也需要有对社会环境的意识，和自己给它们造成什么后果的意识，人们才可能保留生存的机会，才可能建立一个比现在更和谐的社会。我们已经获得了全球交流的技术，我们也能够全球合作并承担责任。如果不能感觉和意识到什么，我们就免不了无意识地把它破坏。

根据原来的情况，这里的人与环境是融为一体的，他们还没有一个能把自己从环境中分离的个人独立的意识。所以，他们在劳动的时候受到宇宙（气场）力量的影响太多，无法从这样的影响分离出来。自然活在他们之中，使得他们也感受到各种各样的城市人看不见的力量，有人就说是鬼引起的。这种宇宙和自然环境给他们的力量，小孩在晚上天刚黑的时候特别能感受到。他们就感觉自己好像能飞起来一样，使得他们很疯狂地去行动。但这些力量往往不会给他们自由。这种原始生活状态中的人不能决定自己的行为，因为是环境通过他们来起作用，是环境通过他们表现出来。

教育应该让孩子们感觉和意识到他们所处的环境和时代的需要，再让他们感受到自己的才能，使他们能找到自己的改变世界的生活任务。如果他们能学会有意识地与精神一起工作，把精神拉入自己封闭的头脑里，属于环境的精神就已经没有必要无意识地对他们起作用（来控制他们）。

以前，传统的利益代替了自己有意识并做计划的思考。可是现在，传统已经失去了它本来的力量和作用，而有意识地做计划的思考还没有形成，现在的农民就没有了什么根据——花钱和做事的方式都没有了根据。既然如此，我们只能去唤醒这里的人，破坏他们原始的没有意识的舒服状态，要把他们从与环境融为一体的睡眠状态中分离出来。只有这样，他们的做法才会是自由选择的，他们才会自己去创造环境和时代。

其实，不仅是意识能避免破坏，同时也有相反的过程，就是破坏也能造成新的意识。也可以说，我们不仅能通过有意识的思考让自己与自然环境分离并获得独立，反过来，我们在一个从自然环境分离出去的状态下更容易达到有独立意识的思考和认识。我们的意识，都是通过破坏原始无意识的状态而得到的。环保意识都是在失去了生命的环境中建立的，而在生命旺盛的原始森林里，人们还把自然看成是需要对付的。

可见，坏的事情也有它们存在的必然性，因为通过坏的事情，我们才能获得意识，通过物质的消灭，我们才能发扬精神。只有切断农民原始的与自然融为一体的联系，他们才能从外面的角度来看，才能获得意识。如果破坏了这种联系，他们就会像城市人一样忍受不了原始的生活，这也就使得他们不能不改变。除了这种被迫达到意识状态的方式之外，还可以是在自己主动去创造的行为上慢慢"醒过来"的方式。

　　为了达到意识状态，首先需要做的，是把自己与事情断开。断开（独立）能引起意识，而科学就是那种断开的手段。通过体会现代科学技术的发明过程，而非仅仅利用它们的成果的过程可以促进属于新时代的意识。思考科学技术能够把人们从环境的影响之下解放出来，让思考再也不依赖环境或者迷信的作用。不过，为了达到这样的独立的意识状态，学生需要理解他们使用的技术。如果不了解就使用，如果相信自己不理解的技术，这只能引起新的像迷信一样的对技术的依赖。即，技术控制人。

　　酒精切断了自我意识对物质身体的控制。因为受不了自然界中原始的生活，很多人就喜欢用喝酒来麻木自己，把自己的意识排斥出去。在他们的意识失去控制的时候，属于物质身体的力量就获得了控制，也就是物质的身体、构造生命的力量和心理动力。另外，我们的头部发挥的特点和功能也会战胜自我意识的作用，这些特点就是各种动物的特点。他们就不需要感觉和意识到这些让他们痛苦的事。在这种意识不到累和痛苦的状态下，他们更容易去劳动。农民的意志力和能坚持的力量比较强。只不过，在这种麻木的状态下，他们就进入那种不想感觉到的对于自然力量的依赖更深的状态，包括依赖自己的身体。图2-2为小孩玩疯了，感觉自己好像能飞起来一样。

　　没有喝酒的原始状态是一种睡眠的、理想的、舒服的、意志很强的状态。我要承认，我们生活中的很多过程是需要睡眠状态的，否则是受不了的。比如，胃肠的蠕动等人体里的一些过程，

图2-2 周末时学生在家里玩

都是如此。发挥意志的行动也只能在睡眠状态中发生，比如，走路时在腿部肌肉的运动。我们不可能每一步都有意识地去感觉和安排肌肉中消耗能量的过程。艰苦生活条件中的很多事情也是如此。这是一种自然的保护自己生命的需要。

不过，如果我们从来都不去发挥意识，不知道自己在做什么，制订不了计划，也改变不了任何情况。为了改变，我们有必要不仅让感觉器官在做梦的状态中发挥作用，也要意识到自己的做法跟环境的关系，意识到环境和社会的需要。否则，我们就无法让自己的行为适应世界发展的需要。

为了发挥意志，我们也需要与环境融为一体的睡眠状况。可是这个意志不受自我意识的控制，就不好用。由于睡眠与清醒两种状态的矛盾，睡眠的意志和清醒的意识是不能同时达到的。在我们意识不到环境的因素，也意识不到自己对于环境的做法时，我们的意志力虽然很大，可是我们却无法去认识，所以也无法改变任何情况。图2-3是夏天里学生快乐地在树上追逐游戏，好像已经与自然融为一体。

图2-3 学生快乐地在树上追逐游戏

意志和意识是两种对比的状态，如果同时去发挥，如果在清醒的状态之下行动，我们不仅受不了，我们的灵心也会生病。在睡眠意识的状态之下去思考并做出决定又是混乱的。更需要的是，意志和意识之间的一种变换。我在这里就把意识状态和意志力写成两种不能同时达到的状态。

意识	意志力
反应、认识、反感	行动、睡眠、好感
头脑、神经	四肢、血液
封闭、个体	合作、集体
与环境分开	与环境融为一体
通过破坏而引起的认识	认识不到自己造成的破坏
不舒服、清醒	舒服、麻木
从过去而来的	创造未来的

一个手持砍刀的农村小孩往往会想象自己厉害的样子，就好像是一种感觉一样。不管他在路边碰到什么小树，他都会很随便地砍它一下，来感受自己厉害的样子。可是他这样的情感只是对于自己的。

这种做法证明，他虽然想象自己而感到厉害，不过他并没有使用感觉器官客观地去感受外界真正发生了什么。虽然他的眼睛也看到自己给那棵树带来的后果，可是并没有意识到。所以，他感受到的只是自己厉害的想象，但他无法接受外界的事实，无法从那棵树的角度来发挥情感。

或者一个小孩玩的时候抓到了一只鸟，比如猫头鹰。然后他们就把这只鸟当成自己占有的玩具，而且捉弄它的手段就是欺负它，来看这个"东西"会不会有什么反应。小孩虽然会说"好可怜"，可是他还是想着这只鸟对自己有什么好处，自己是不是它的主人或消费者，直到鸟死时他也不能停止这种玩法。到那个时候，他就把鸟扔到垃圾堆里了。

虽然"占有"和"控制"也带来一种感受，但这就太主观了，对孩子的心理是不健康的。这根本不是对于那只鸟的感觉，而是根据想象引发的对于自己的感受。如果玩鸟的小孩有意识地感觉到手里鸟的翅膀被自己弄伤的样子和小鸟希望活着出去而做出的动作，他肯定会发挥另一种情感，就是根据感觉而不是根据对自己的想象发挥的情感。引导我们做法的情感，如果没有通过感觉来接受外界的事实，如果只是建立在想象上，那么在社会中就会引起很多破坏。只有通过感觉器官进入了我们情感的外界才有可能是被爱护的。

中国文化中的想象力特别强。比如，写意画的线条和汉字，都是让人发挥想象的。我也经常看到，在中国人要描写某种东西的特点时，常常会说它像什么，比如一座山像一只猴子等。当然，如果小孩能想象自己坐上的被砍的树是一条船，这种感受是非常健康的，可是在观察某种自然的东西时，要观察的是它的本质，不是观察自己想象出来的感受。我觉得，在我们要观察一种东西时，如果只说它的外形像什么，我们还是不知道怎样对待才适合这个东西。我们应该怎样对待一棵像女人的树才适合它？这样根据"像什么"的观察对我们的做法是没有帮助的。如果能根据事实去观察大山的稳定，观察只有在山的表面才有生命等特点，我们就能知道应该怎样去对待它。山和"稳定""表面能有生命"等特点有真正的联系，可是山和猴子特点的联系是幻想的。

根据想象而发挥的情感不是真实的情感。想象力要为我们服务，不是要控制我们。想象力要帮我们把外界连接到内心中来，又帮我们反映出精神的真理。如果能观察（感觉）到竹子一生只会开一次花，花结成种子（"小孩"）的时候，它（"母竹"）就要死去，这就是感觉到真理而引起了活力的情感。

感觉的过程

在这本书里所说的"灵心"和"精神"分别是指有情感和认识真理的境界。我们以自己的身体参与物质的境界，以我们的情感、好感、反感、欲望、情绪等参与灵心的境界，以我们有意识的思考参与精神的境界。物质的世界是有空间的，而灵心的世界是有刺激、欲望和愿望的。灵心世界的主要力量是让我们与某种事物融为一体的好感和让我们排斥某种事物的反感。把灵心（内心世界）看成事实不是迷信，看不见的情感世界确实是存在和起作用的。但是，如果我们认为灵心是像物质一样能看见或听见的，那就是迷信。

也可以说，我们把"灵心"当成最具有个人特点的内心世界，而精神像真理一样不依赖于人的个体。更准确地说：情感是灵心留下来的作用，思考是能反映精神的或者是精神的象征。对"精神"没有兴趣的人也一样地以自己的思考反映精神，以做法支持或者影响精神的实现。这是免不了的。不能说，某些人具有比其他人更多的精神，不是这样的。只是，某些人学会了感觉并意识到自己在精神中的行为，使得他们能有意识地改变自己的行为，而别人感觉和意识不到自己在精神中的行为。

为了说明感觉的过程如何进行，我想以耳朵为例：耳朵的鼓膜随着空气的振动而振动。这种跟着的振动是指耳朵受到了影响，又是它的一种模仿能力。所有的感觉器官都从外界受到影响，它们都模仿外界的某种因素，而且它们模仿的过程对器官也有一种建设作用。耳朵的发育是在听觉中发生的。耳朵根据模仿和仿造的空气振动来形成自己的功能和形态。被耳朵模仿的振动在模仿仿造的过程中会形成耳朵的形态。因为耳朵有能模仿的特点，空气的振动就会影响到耳朵形成的结构。

如果一个人在小时候没有接受过某种声音，比如是自己的母语没有包括的声音，他的耳朵也没有根据这种声音来形成适合的结构。结果，当这个人学外语碰到这种声音时，他就无法听见。而且因为耳朵通过模仿外界来形成自己结构的能力在长大的过程中逐渐萎缩了，所以大人已经没有能力听到在小时候没听过的声音。这才是幼儿要早期"学"外语的原因。

在我们感觉到某种事物或者现象时，不同的人都会得到一些共同的印象，比如一般人都会觉得，乐音比机器的噪音好听。为什么乐音比机器噪音好听？这是耳朵的物理学说明不了的。而且，为什么没有经过训练的耳朵不能像受过训练的那样去感受、区分和创造有规律并留下好印象的声音呢？

可见，在一个人去感觉时，除了身体物质（化学和物理）上的反应，还有物质说明不了的另外的某种过程发生。实际上，感觉的过程不是一种对印象做出的反应，而是外界与内心世界之间发生的联系。否则我们就得说，电子测量仪器也有感觉能力。

我们身体的感觉器官是另外非物质过程的物质载体。这些非物质的过程就是情感灵心的生活。否则，我们怎么能感受到音乐或者颜色的和谐呢？怎么会对音乐产生兴趣？一双没有灵心的眼睛就像一部没有感受和意识的照相机一样。具有意志、情绪和思维的灵心才能把我们通过感觉器官接受的印象变成个人内心世界中的东西，并把它变成永远的精神才能。可是，灵心本身无法接受和感觉到外界的东西，所以它需要使用我们的感觉器官并把它们当作工具。

在每一种感觉器官里都有血液和神经。灵心在神经中反映感觉器官所接受的东西，即信息，否则我们的头脑就不会知道感觉器官捕捉到什么。可是血液在感觉器官里又有什么作用呢？在感觉器官的神经中发生的是有意识的反射工作，而在感觉器官的血液中发生的灵心过程是没有意识的。血液中发生的是有意志的工作，就是进入外界并捕捉外界，捕捉我们要感觉到的东西。血液是意志在物质上的载体。

血液中的意志是睡眠状态的，所以我们意识不到这个捕捉的过程。我们以自己的感受和注意力完全进入到环境中。而且进入环境的意志又对它将要捕捉的东西有好感，否则它是不会去捕捉的。这时，感觉器官还要受到影响，比如触觉要受到压力，听觉要接受到振动。这时，感觉器官需要睡眠、行动、意志、具有好感还有与环境融为一体的特点，它才喜欢进入自己要感觉到的东西，并把这种东西捕捉回来。假如感觉器官要以反感去进入和接受，它不是不如不接受吗？

这样，感觉的过程还没完成，因为以睡眠的好感捕捉回来的印象还不能意识到。那么，我们怎样才能意识到它呢？或者说：我们不能把捕捉到的事直接放到头脑里，而只能在头脑里反射出它的象征。这就是想象力的贡献。

比如，可以想象我们很喜欢的一个人，再想象我们讨厌的一个人。我们对自己讨厌的那些特点才很清楚，才意识到。所以我们的灵心必须发挥反感，它才能意识到我们感觉器官捕捉回来的印象。只有我们厌恶了什么，我们才可能排斥它，把它反射出来，而这种反射，就是达到意识和认识。这是神经中的工作，而且神经里发生的过程不会是有好感地活跃地融入印象，而是带着反感地从尽可能远的距离来看刚刚捕捉到的东西。即，反思。我们容易发现感觉过程的这个部分，因为它是有意识的。我们在意识的过程中还需要把得到的印象固定下来，进行分析。这样，我们才能认识和意识到我们已经感觉到的东西。神经本身也就是死的（固化了的）。假如我们的神经具有自己的活力，它就会影响和改变捕捉回来的印象，使得外界的事实无法客观存在于我们的内心世界。但神经已经固化，所以它不会主动改变捕捉回来的印象。假如，头脑像四肢那么有活力，头脑就会昏乱、就会像睡觉时那么不清醒。为了能够认识到我们感觉的东西，得到的感受必须是在神经里被固定下来的。

感觉的过程首先是一种靠意志向外界捕捉感受的过程，也就是以一种带有好感的方式把自己交给了外界的过程。然后我们又在内心中反抗、发挥反感，在神经里发生破坏、分析和认识。两种状态之间的变换，就是灵心的一种节奏比较快的振动过程。这就像一个人在外面欣赏了大自然后，回到教室并分析他感觉到的东西一样。这样，在教室里被打破，并进行分析的，就是他原来在野外得到的感受。

在捕捉和认识之间，我们要花一点点反应的时间。要发挥意识的事情都需要这个反应时间，但是那种自然的、靠本能的反应不需要这个时间，因为它不进入到意识，而是直接靠意志来捕捉。

这种过程是每个小孩在出生后很自然就具有的，只要他能参与到环境中就行。可是做出反射是需要经过教育才会得到的才能，不是自然产生的。这个唤醒意识的教育过程也就是把在小孩周围环境中睡眠的精神拉进他自己封闭的内心世界里，成为属于他自己的独立的中心。如果这种反射的才能没有得到很好的培养，它们也会发展成错误的。不过，因为我们不可能从最后的想要得到的结果开始教育，所以我们的方法不可能是让小孩先认识所需要的反感，只能是让小孩习惯于见到有道理的事。否则，小孩自然具有的好感和意志方面的才能也会萎缩。

　　这是描写感觉过程的一种方式。我们也可以用另一种方式说：是外界的过程进入了身体的感觉器官，并在那里继续发生。外界事物进入了感觉器官之后，灵心才会参与。而灵心在情感中留下的就是我们将来能回忆，能在内心重新感受的记忆力。

　　这样，本来通过感觉器官得到的和后来以记忆力从情感回忆起来的两种印象是不一样的。情感中的东西是最联系到个人因素的。人体具有的功能都是一样的，精神上的真理也都是统一的。只有灵心（思考、情感和意志）才是主观的、注重自己的。所以，每个人的灵心在情感中保存的痕迹都不一样。

　　这样，就可以把感觉的过程分为三种范畴：身体是指时间受限制的、在现场才能发生的感觉。灵心是指发挥情感、记忆力和意志的感受，保存或者改变环境，把成果交给精神。精神是指超越个人生命的真理。灵心和精神不一样的是，灵心具有个人的内心世界，具有个人的记忆和想象，也以个人的方式把它表达出来并影响环境，所以灵心的情感也能以个人的因素影响到我们的感觉。精神像真理一样不是属于个人的客观存在。

那么，这个影响感觉的个人化的灵心情感是被什么培养出来的呢？这是被我们的环境和感觉习惯培养出来的。通过重复的行为习惯，我们能把情感带到感觉中来，能让自己的情感进入和联系到我们的环境，使得我们的行为也适应环境。一个很容易理解的例子就是演奏乐器所需要的练习。

相反的例子，是为了小孩什么都愿意做的父母。这样的小孩感觉到的是："我所有的需要都会自动地实现。"这样，小孩的感觉习惯已经变了。在他和别的小孩一起玩时，他无法意识到自己自私的行为。在他需要靠自己的时候，得到的印象又是："这个世界是我的敌人，它在惩罚我。"可事实并不是这样的。

灵心中的这种联系，即根据习惯去感觉，会影响到我们所有的感觉过程和根据感觉的做法，甚至会让我们控制不了自己的身体，让身体振动等。如果没有做过特殊的练习，一般情况下这种联系都是无意识地发生的。所以，如果要改变一个人的做法，必须先培养并改变他的感觉习惯。

培养幼儿的感觉

小孩的精神进入身体和心理的程度还不允许他们做事。还不懂得使用自己的意志，也不懂得使用自己身体的小孩，怎么可能在社会上承担角色呢？所以，我的教育不是从社会意义来考虑的，而是从感受与行动之间的协调来考虑的。人具有的感觉器官有12种①。我们可以把它们按照不同的特点分为两个组。

对外界的感知觉	对自己身体的感知觉
视觉	味觉
温度觉	嗅觉
听觉	触摸感
语言感	平衡感
理解意思感	对自己身体的动作感
自我意识感	生命感

如果只靠一种感觉器官，我们往往会"受骗"，不能真正地认识到真相。比如，镜子里面看到的东西，只有我们用手摸到镜子的后边，才知道所看到的东西其实不在这个地方。可见，我们必须用头脑把不同感觉器官对同样事物的印象联系起来，才能认识和判断它的真相。这种联系工作实际上就是一种判断工作。所有的判断都是这样通过不同印象的连接而做到的。但为了有这种

---

① 本书作者对感觉器官和感知觉的叙述，其理论背景是R. 史代纳（Rudolf Steiner）的精神科学，与心理学中的概念不完全一致，下同。——编者注

判断的机会,我们的身体首先要以12种感觉器官把我们感觉的范围分成12个领域。身体首先以不同的感觉器官把一个事物的印象分成不同的范围,这就是分析工作。然后,我们在精神上再把它们联系起来,这又是判断工作。

甚至,眼睛本身看见的只是颜色和亮度,形态则是靠对眼睛动作的动作感见到的。看到某种东西时,我们靠对眼睛动作和眼睛本身对亮度的两种感觉,把形态和亮度两方面联系起来,得到完整的有意识的印象。

这种头脑中要发生的联系,小孩出生时还没有,是在出生后的几年内才建立的。比如,小孩扔一些东西来看它们是不是往下面掉,发出什么声音等。或者小孩看到月亮就想用手来抓住它,像他也抓住身边的东西一样,因为他在头脑中还没有把两只眼睛的神经联系起来,还不能看出距离。如果要看出距离,我们需要让两只眼睛的视线互相交叉、合作,而这种交叉合作就会引起意识。

为了培养这种分析又合作的过程,同时为了让小孩通过感觉器官的合作来建设神经的结构,所有的事物都要同时通过几种感觉器官来接受,最好是包括对外界的和对自己身体的两种类型的感觉(比如视觉和触摸感)。通过这种工作,小孩不仅能认识和理解到外界,还能建设身体的神经结构。在幼儿园要做的,就是建设和完成小孩感觉器官和头脑之间的联系。为了这样的建设工作,小孩需要很多可以得到感觉经验的机会。图2–4为通过改造环境的活动,我们能培养小孩的感觉能力。

如果小孩在神经发育阶段靠的不是真实的感觉,他建设出来

图2-4 通过改造环境的活动,能培养小孩的感觉能力——学前的孩子在家里玩

的神经结构也不会符合事实。比如,小孩玩电子玩具,每次在按压玩具的时候都会听见一种音乐。结果,小孩得到的经验就是:那种材料包含的是音乐。小孩得到那种不真实的经验,结果导致,他建设头脑的方式是错误的,以后的感觉过程给他带来的信息也是错误的。

关键的是身体与环境物质的接触。小孩的身体需要进入环境的物质,需要接触它和"呼吸"在环境中,见图2-5、图2-6。但光滑、防脏、防水、防任何影响的物质却不让小孩以皮肤的呼吸、以身体的温度等感觉进入到这个物质中去。这样一个光滑的世界对小孩来说是关闭的。

多媒体技术除了控制我们的思维和情感之外,也专门给小孩带来很多假造的印象和幻想,又不允许他同时使用多种感觉器官。屏幕上的图像和音响发出的声音,不能让7岁以下的小孩知道

图2-5 泡在泥巴里的感觉——周末时在田里捉泥鳅

图2-6 在田里捉泥鳅

声音和图像的来源。从小接触电视比真实世界更多的小孩,虽然能看出动画片里的人物与摄像机拍出来的真实人物不同,但他却无法感觉到动画人物的不真实性,也就是说,无法区分实际与动画。如果看不出原因和结果之间的关系,低龄小孩就无法建设逻辑思考所需要的头脑结构。

我们现在的教育还不重视感觉的培养,可是在将来,人的感觉能力再也不会像过去那样自然地形成。将来,如果我们不努力和有意识地去培养感觉能力,很多现在还自然发展的感觉能力就不会出现。技术的发展很自然就会发生,就像属于现代的小孩很容易就能学会使用电脑一样。要担心的,是随着技术的发展萎缩的、本来自然出现的基础才能。未来的教育需要培养的不是自然而然的高科技的知识,而是人类慢慢失去的感觉能力。

幼儿首先需要一个原因和结果都有道理、一个有明显逻辑的环境。为了让小孩了解到不同物质材料的本质,所有在小孩环境中的材料都应该是像自然界中的那么真实的,表现自己本质的。比如,塑料没有自然材料具有的那种通过塑造生命的力量而形成的形状。最好,这些材料的加工方式也只是小孩能感觉到的(不一定要能理解)。如果小孩能在大自然中玩,也能在大自然中找到一些材料,并且见到老师怎样把它变成玩具,这样就最有利于小孩的神经建设工作。另外,小孩也需要用自己身体动作的平衡感、动作感等来感觉到自己。见图2-7,小孩自己制作玩具和玩耍,图2-8,模仿大人的工作都是感觉成长的过程。

图2-7 小孩玩自己制作的玩具

城市人虽然容易去思考，不过他们也不喜欢感觉到太多，就用科学的设备来避免感觉到太多环境的因素。如果城市人有钱，他们花钱的方式往往是为了避免感觉和刺激感觉。比如，坐空调车是为了不要感觉到温度、路的表面、风等，然后在车内他们搞假造的感觉，比如音乐等。一方面是受不了真实的环境，另一方面又寻找刺激。

　　青少年尝试吸毒一次是正常的，因为他们想体验和感受到超出物质境界的边界。但如果依赖吸食毒品，这就是因为他们缺少可以感受物质的真实经历，缺少超出物质境界的感受。根据天性的本质，每个青少年都有一个深深的、想得到感觉的愿望。如果在幼儿时期没有能够发挥一些给灵心带来经历的感受，他到了青春期就特别弱、特别容易依赖吸毒和其他可以依赖的东西，比如喝酒、吸烟、电脑游戏、上网、过分吃东西、赌博等。但通过这些刺激得到的感受不能像真实的感觉那样给灵心带来经历，所以仅仅依赖这些刺激的灵心永远是空虚、得不到满足的。

图2-8　幼儿喜欢通过模仿去学习

在一些城市家庭，我看到父母有爱心地、耐心地和有原则地对待自己的小孩，可是他们的关心和原则，都是通过有逻辑的说明、通过智力上的手段去给予的。如果这些小孩要发现父母对于他的爱，就必须在逻辑上理解父母对他们说的话，如果小孩不理解，就无法感觉到。

其实，幼儿园的小孩无法去理解这些逻辑，所以经常正在父母最关心他们的时候就不断地哭。有的同时还会乱撒尿，因为身体感觉不到遮掩的保护。没有经历到身体与身体接触的小孩往往会威胁别人又怕别人。由于小孩天性的特点，他们希望通过身体的感觉器官来感觉到父母对他们的爱，所以我在城市看到的通过身体感觉不到关心的小孩甚至还要求自己的父母来打他。他们还不能在父母所说话语的逻辑中发现关心，而只能使用感觉器官从父母的行为来感觉到关心，连挨打也比逻辑好。所以，只要父母抱着他们，甚至他们同时可以和别人说话也不要紧，小孩都会得到满足。图2-9为孩子放牛的时候，伏在牛背上玩。

图2-9 与动物身体的接触也能带来安慰——周末放牛，伏在牛背上玩

整个幼儿就像一个感觉器官一样。可以说,他整个人好像只是由感觉器官组成的。他不仅以他的感觉器官去接受和感受,而且是整个身体都在接受。比如,小孩感觉发火的大人时,他以整个身体去接受和模仿这种发火,使他成长所依靠的生命力也受到一辈子的影响。甚至小孩正在形成的感觉器官和其他身体结构也会受到影响。因为小孩还没有属于个人独立的内心世界,只能从外界得到所能感受的情感,所以他必须去模仿和接受从外界得到的一切。小孩所有做出来的事情都是直接从感觉来进行的,没有经过考虑。这样,他们也能完全投入到某种感受中去。因为小孩不仅用感觉器官来接受,而且用身体成长的新陈代谢来接受,所以,他也要用整个身体去反应。而身体经常做出的反应,不仅影响到器官的发育过程,也会形成反应习惯。

为什么会这样呢?因为7岁以下的小孩有意识的自我还没有进入他的身体,他的感觉主要只有意志(血液)的部分,还没有建设好反射(神经)的部分。其实,刚出生的小孩完全没有自己的意识是很有必要的。假如刚出生的小孩要有意识地感觉到外界环境传来的印象和刺激,他就会受不了而发展成一个麻木的人。所以可以说,他还没有意识是一种自然的保护。意识只能一步一步随着小孩的接受能力来产生。

因为感觉器官和头脑之间的神经还没有建设完成它们的联系功能,所以,小孩还不能反射、不能认识和意识到他所感觉的东西,也不能意识到自己。结果,他就以好感的意志直接从感觉来做出反应或者模仿。包括所有的乱动,都是直接从对于某些感受的好感而产生的行动。他完全带着好感地活在行动和感受之中,所以他也不知道自己正在做什么。

　　古代的人也像我们现代的小孩一样无法区分自己与环境。他们的自我是"沉睡"在环境中，不是在自己能思考、有意识的头脑中，从而才不知道自己在做什么。古代人和小孩的思维都被身体的欲望和感受而引导和控制，是身体里的一些过程决定了他们的思维。而因为这样，大人就需要作为权威，用大人的自我意识代替小孩的意识来控制小孩的行为。在人类发展的过程中，或者说在一个现代人成长的过程中，身体会退化，使得人的身体对思维的约束越来越少，从而使精神获得解放。这是小孩与成人的差别，也是原始人与未来人的差别。图2-10，在野外山坡上捉迷藏，是小孩们热衷的游戏。在小孩身上，物质和精神是一个整体。如果我们能观察到这一点，就会改变我们对他们的看法和态度，让我们找出更适合他们的心态和手段。而这个手段一定会通过小孩身体的行为来培育他们的精神。他们需要慢慢地让自己的精神进入，让它成为自己的自我，建立一个只属于个人的内在世界。所以，我们需要让他们做一些小的动作，让他们完成一

图2-10　周末在山坡上捉迷藏

些需要仔细小心的任务，不让他们做那种消耗精神和让人失去自己的全身动作。

对行为具有好感的意志是每个小孩很自然就具有的，可是反感才会引起意识和思考。我们将要把行动从感觉分开，也就是断开小孩自然而直接地从感受做出的反应，使感觉到的事情先经过有意识的思考，然后才进行或者不进行动作。这就是教育要达到的成长过程。把意志的行动从感受分出去并让反感所引起的思考进入其中的这个过程，是在整个生活的历程中才完成的。7岁之前要完成的神经结构是更基础的，是感觉器官与头脑之间的神经联系。

小孩如果要学会观察，他们就需要反感所带来的距离感，需要能分清楚"我"和"你"。不过，这种能力是从9岁起才产生的。和9岁之前的小孩做活动的时候，我就不能让他们去观察，而要让他们以好感来接受。

培养感觉的活动

孩子到了9岁以后,再也不那么容易与环境融为一体。通过人与环境本来自然的连接所发生的断裂,学生才会营造出个人独立的内心世界,而产生的这种我与环境有区别的意识才能建立我们做观察的时候需要的基础。只有从环境中分离出来,我们才能有个人独立又自由的观察意识。而帮助我们独立的,正是观察和做技术发明的那种过程。

如果我不理会学生在9岁时发生的心理意识转变、只根据每一年都不变的方式继续上课,小孩实际上已经发生了转变的灵心就会弱化。如果不是灵心弱化,就是把灵心排除,不让小孩的灵心和意识参与课堂,使学生变得很被动的样子。如果我们的课堂跟着转变,所发生的断裂就不会发展成学生和课堂之间的障碍。图2-11为农村大一点的小孩要承担起哥哥的角色。

图2-11(1) 学生周末在家要照顾弟弟

图2-11(2) 学生周末在家要照顾弟弟

在青春期时,小孩才完全得到自己内心独立的想象世界,而且,这种内心独立的想象工作能完成一些通过观察无法完成的理解。在9岁时得到的,是一种做真正的观察和研究的能力,使得他们从客观的观察来理解世界。可是对9岁的小孩来说,假设的想象还不充分,他们的观察还需要对事物本质的观察和惊奇感。

我们平常很少感觉到某种东西的形成过程,相反,比较容易意识到的是它被破坏。这也不奇怪,因为所有的形成过程都是慢慢的,不那么明显。比如说大自然的生长过程,个人的发展过程,机器的研究、发明和制造过程等,都是很难观察到的。

可是,如果没有这种平常感觉不到的形成过程,我们的生命和人类的发展是不可能的。多数人认为形成是自然会发生的,不用管它也一样会发生。可是,如果没有感觉到事物形成的过程,我们就会产生一种只懂得消费和提要求的态度。这样的态度不仅使人类的心理不健康，甚至还影响了对所有事物形成过程的观念。比如，在一个感受不到发明过程的艰辛的社会中，发明家是很难工作的，发明出来的东西在这样的社会中也很容易被用坏。

所以，我想让学生多去感觉不同的形成过程，比如大自然和某些建设工作的过程。多感受大自然的一些过程比较合适，因为这些都是包含有真理的，不可能是假造的。通过观察一些形成和萎缩的过程，我们还可以发现物质中隐含的力量（规律和原理），就好像是精神的一种吸和呼的力量；也可以发现发明物中存在的精神。发明家实现他的发明就等于把精神中的存在在物质中实现。因为这样，所有发明物中都有了精神，而如果能思考和理解这个发明所依据的原理，就等于感觉到了它的精神。

发明物和自然界中的植物都是这样的，植物中也有形成这种植物的精神规律，只不过不是人为地把精神弄到物质中去。在观察生长规律时能发现的，就是形成事物的真理。比如，如果发明家想好了可是还没有制造出来，甚至在他还没有发明的时候，这台机器在精神上的根据已经存在。植物在还没有长成时同样也已经具有了自然规律的精神根据，否则，植物是不可能形成的。如果我们能在思考中模仿植物形成的过程，我们就能感觉到它们在精神上的来源。

通过观察一粒种子，来想象它长成一株植物并开花的整个过程，或者观察一株正在开花的植物，来想象它凋谢并结果的过程，我们很容易用想象力把这些形成过程连接起来，延续到未来中去。

为了能感觉和感受到某样东西的形成过程，为了发挥有根据的想象力，小孩需要模仿或仿造它，比如接受它的角色、画它或做它的模型。模仿一个建设项目（做模型）时，小孩就能感觉到它的形成过程。这个模仿仿造的工作过程，还会给人带来一种安静的气氛。

但9岁的小孩还没有独立的判断能力，他们的感觉也不是表达意见的，而是具有崇拜特性的。所以，我不能让9岁的小孩去写那种判断的论文。比智力判断更适合他们的，是对于美好事物的好感和不良事物的反感。所以，我想让他们用艺术来反映和表达自己的感受。在这个年龄中，对"美"和"丑"的表达也能建立一种情感上的支持，这对14岁以后才能独立出现的对"好"和"坏"的判断是非常必要的。

艺术手段所基于的情感比认识更有力量，情感非常容易影响到一个人的行为。通过画画来表达不仅会支持学生的观察工作，也会帮助他们用情感去观察。对于7~13岁的小孩来说，情感是唯一的一种让他们很深地接受某样东西的方式，而艺术创造的感受就能让他们发挥这样的情感。

对美的感受也能预防以后性成熟时太物质化的本能，因为艺术创造的活动使我们感受到精神的作用，并把精神的作用通过自己身体的行为转到物质的世界中来。如果让学生直接使用想象去认识一件事，这只会使得他们过早地进入没有活力的抽象概念。对于逻辑还不能说明的本质、力量和情感，学生却能在画画的过程中接受、无意识地体会和表达。

人的感觉是不可记忆的。可记忆的仅仅是对于感觉或从感觉来发挥的想象。真正的感觉只能是通过再次进入同样经历重复去感受的。或者，我们让还无法想象和记忆的感受直接进入艺术，用艺术来保存某种感受。为了做到这一点，学生的艺术活动不能是从想象、不能是从对于某种结果的想象来发挥的，而只能是直接从做和感受来发挥的。

艺术的作品是在无意识的感受过程中创造的，然后，我们通过观察这样得出来的结果（作品），我们就可以意识和认识到本来无法直接去认识的东西。

在画画的时候，线条能够一下子就把意图定下来，又能表达意义。亚洲人的文化就是这样的。在需要发挥情感和意志时，可以让学生画出他们所观察的颜色，慢慢地发挥自己的感受。这种只能表达一种气氛的画法对亚洲人来说比较困难。画画也比较适合让小组向全班报告他们感觉、观察和研究工作的结果。另一种用无意识的艺术去认识事物的手段，是让学生用泥土来仿造他们正在观察的动物，因为通过不断修改泥土的工作还可以模仿并感受到动物的形成过程。

农村小孩需要的是在感觉中发挥意识，而能让意识进入感觉的手段，是减少感觉器官的数量。如果减少一种感觉器官，我们很自然地就会更注意到其他器官的感觉。所以，在发挥感觉的那部分活动中，我不想让学生利用他们所有的感觉器官，这样能使其他器官工作得更有意识。为了让学生获得认识，我想把他们分成几个小组，每一个小组内让不同的学生分别用不同的感觉器官来感受同样的东西。之后，学生在小组内说出他们从不同方面得到的感觉，使学生把单一的印象又合成全面的感觉。

如果我们这样做，平常自然自动（无意识的）发生的、把不同感觉器官联系起来的过程就会变成有意识的，因为它不是在一个人的头脑中发生的，而是几个学生在交流过程中才发生的。

最能带来活力节奏变换的，是在外面和环境融为一体并改造对象的感受（意志）和教室里的反思并去认识（想象）对象之间的变换。在外面，自己的灵心和我们要观察感受的对象是融为一体的（好感），而在教室里，自己的灵心跟我们要认识的对象是分开的（反感）。两种工作之间的变换才是我们心理的一种"呼吸"，而这种有节奏的变换才能给小孩带来活力。

人需要同时拥有两种特点，并能在这两种特点之间转换。一个是让我们行动创造的意志力。它需要我们以睡眠和好感的特点融入环境之中或者要做的事情中，需要学生加入集体。最适合的地方是在室外有生命的自然环境。另一个要发挥的特点，是断开的、有意识的思考状态。这个状态需要我们具备安静、不动、各自封闭的、对外有距离的反思才能。最合适获得认识的地方是人造的环境。

这两种特点是对立的，所以不可能同时发挥。而且，如果我们的心理只是往外发挥，这就会让我们生病。只往内发挥同样让我们生病。学会心理的呼吸，是生活中一切做法的基础。

如果老师了解这两种状态，就可以利用它们来帮助学生进入适合活动的不同状态，又能给学生带来心理呼吸所带来的活力。因为不仅是心理能影响到身体的节奏（比如在害怕时呼吸和心跳加快），反过来，我们也可以用呼吸的节奏去调整学生的情感。学生需要全体来营造悲伤与快乐、失望与成功、安静与活跃兴奋、快与慢等气氛的变换，使他们的灵心和情感萌生。如果学生能这样感受到不同特点的变换，他们就不容易感到累。

我们活动的节奏当然应该是天天按照同样规律进行的，否则就失去了习惯能给的依靠。这也还有另一个道理：无意识地进行习惯的重复（节奏）能培养学生的情感，引导学生的行为，而有意识的具有任务感的重复（节奏）能培养学生的意志力和坚持力。图2-12是板烈小学和周围的环境。

图2-12　中间两栋白色建筑是板烈小学，四周是层层环绕的梯田

活动过程安排：

1. 午休结束后在教室里分配任务，然后小组到外面去感受和观察环境（第一个星期比较多）。

2. 小组把观察到的东西记录和画出来，成为一份资料（在外面或在教室里做都可以）。

3. 小组在教室里向全班同学报告他们记录的东西。

4. 大家在教室里把不同的结果进行比较，发现一些关系和道理并决定自己的做法或后面的项目。

5. 感受各种各样的气氛（音乐）。

6. 去外面实现自己决定的事情或项目（第二个星期比较多）。

7. 在下一个星期再报告自己项目的实现过程或成果。

我在这里写的背景想法当然不需要告诉小孩。如果不想让小孩的灵心（思考、情感和意志）萎缩，我们就不要让小孩理解我们做法背后的理论，而要让他们去感受。另外，我已经认识了我将要开展活动的板烈小学五年级的学生半年了，这样我才觉得可以试一试跟他们做这样的活动。

活动经历

小孩以好感去感受并在做事的过程中得到感觉、从中获得理解和认识。他们所有的发展都是从行动（意志）开始的。

去观察

第一天：

我首先把全班46个学生分为6个小组，每组8个人。由于班上只有13个女生，所以其中3个小组没有女生。分配任务之后，我们到学校外一条小河旁边的小山坡上。让学生拿衣服蒙住眼睛的时候，他们一开始都不敢脱。我突然感觉到，如果重复地要求或者提醒他们，我很快就会变成一个"讨厌的东西"。学生不会理解为什么是他们要做。我就拿自己的衣服让他们用，结果，学生自己也想成为我行动的一部分，就开始参与了。

每个小组的一部分学生用衣服来蒙住自己的眼睛后，其他同学就带他们上山坡找一棵树，见图3-1。看不见的同学用手去摸树的样子、表面特点，并感受它的材质，见图3-2。其他同学把他们

图3-1　带领蒙住眼睛的同学

图3-2 学生蒙住眼睛摸树

带回出发地并把他们的衣服拿下之后,刚才被蒙住眼睛的同学就自己根据刚刚得到的印象再去寻找刚才摸过的树。

由于过于兴奋,学生们做得都特别急,使那些被蒙住眼睛的同学摸的时间都不够,观察也不深,又让下一个同学去做了。有时,他们跟着自己带领的那个蒙住眼睛的同学一起滑了下去。可是这对他们来说很正常,他们都控制得很好,因为这里是他们不可能害怕的"家园"。我安排在星期五的"信赖游戏"可能也是多余的。

女生们不敢和男生一起爬同样的坡。后来,我就叫女生靠触觉和听觉来感受石头之间的河水。我让她们跟男生分开做,使她们突然高兴地行动了起来。

我事先叫学生带好笔和纸,并叫他们做笔记。他们在找到自己的树之后,都很自然地就开始根据触摸得到的印象把自己的树画了下来，见图3-3。这样得到的图画并不一定是后来看见的东西，也是一种包括灵心的画。有一个学生在找到了自己摸过的小树后，觉得这棵树的形态过于复杂，为了方便，他就把叶子和部分树枝弄断了再画。另一个摸过这棵树并得到真正感受的同学看见就尝试把弄断的树枝和叶子再复原。当然没能成功。

图3-3　学生根据触摸得到的印象把自己的树画下来

再后来，我给每个小组一个盛有墨水的注射器（喷墨器），让学生随着墨汁的漂移去观察河水的流动。我让他们观察到：从石头的两边流过的水开始变得很急，往后边则变得很慢，甚至还从上面朝相反的方向返回。这一部分观察活动让他们觉得最愉快。

最后，我还想让学生观察人们给物质留下的不同特点。虽然感觉到学生越来越进入到了一种因为太高兴所以不能控制自己的状态，可我还是让他们继续观察，因为我想以后可能没有机会再做。我让每个学生用黄泥做了一个尽可能圆的球,然后让他们在小组内交换。得到同学的球时不要把它改变,只要摸它的特点,再交换,一直到认出自己的球为止。图3-4为蒙住眼睛,用其他感觉器官去感受。

大部分学生很难接受这样的做法。他们不理解:为什么要把自己的球(作品)交给别人摸?他们只会问我:"我做的球好不好?"

学生摸那个泥土球当然不是观察到泥土,而是发现同学们对泥土不同的影响。每个球具有的形态、温度等状态已经接受了它的制作者的性格。也许,正是因为学生观察到了同学的特点与自己的不同,才使他们后面在小组内的合作变得非常难。

我很难管得了整个情况,因为只有我一个"老师"。学生的班主任在整个活动过程中都没时间来帮我,因为他也是校长,还有很多其他事情要做。后来,学生确实控制不了自己,我就让

图3-4　蒙住眼睛去感受

他们回教室里去了。首先我让他们安静地等待几分钟,因为我们都好像已经没有气可呼吸的样子,又是那么疯狂。学生刚做完了一个活动,就进行下一个活动,使他们已经很难"呼",都是"吸",来不及"呼"。图3-5为学生蒙住眼睛感受河流。

图3-5 学生蒙着眼睛感受河流

把双人的桌子安排成小组共同用的大桌子之后,我把帮学生买好的毛笔、水彩、纸等工具分给每个小组。这时,我从他们好奇的反应中才知道,他们从来没有见过这些东西。我马上要求他们用这些来记录和表达刚才观察到的印象。

为了让学生学会合作,我只给每个由8名学生组成的小组两张纸(8开)。可是4个人一起来表达并画出一幅作品的合作对他们来说非常难。很多同学说"不能合作",而是希望自己来画自己的。不过,我还是逼着他们合作。这些都在同样一个下午发生,对学生来说确实是太多了,他们怎么能做得到?

学生的意识还是无法进入他们的画，也无法进入他们的语言表达，观察的东西也无法联系到思考。学生尝试做到的只是完成任务并且问："我画得好不好？"我感觉到了，学生都不敢在同学面前说出自己的感受，所以我在有客人的今天也没有让他们介绍和报告自己小组的作品，只是把它挂在了教室的后墙。

原来我还打算让学生互相介绍自己的作品、去比较所表达出的感受、发现关系并且决定：根据环境的需要我们该做什么，再创作音乐，让学生的心放开。甚至，我还想过让学生在每天放学之前来实现。可是现在我知道，这些因素太多了。我们在第一个星期专门去观察并表达观察到的东西，就足够了。要进行的做法在第二个星期才能实现，而且实现对这些小学生来说肯定比观察容易得多。

第二天：

我首先让学生在教室里根据自己的想象来画一种昨天在河边见到的花。虽然他们做得很好，可以后我还是发现，这样的顺序不适合小孩。然后我给学生小组的任务是：在外面观察植物生长的过程，每个小组要用笔和纸来记录一种植物从萌芽、生长，到开花、再凋谢和结果的不同阶段。如果找不到包括所有阶段的植物，他们要在观察的过程中靠自己的想象力来完成未来的阶段，见图3-6和图3-7。

到河边时，有少数学生到处乱跑，把各种各样的花拔起来、把叶子弄掉再给我看并问："这种花合不合适？"他们感受的不是植物，而是自己拔起植物的样子。这些学生也在画完每一个笔

图3-6 学生一边观察一边画植物

图3-7 学生画出自己观察到或想象到的植物

画之后问我:"这样画得好不好?"他们不断地诉苦,不断地有让我处理的事情。

可是其他学生好像没有听见围着我的这些吵闹,他们就坐在某一个角落,安静地观察自己面前的植物。这些学生都没有给我看他们画的结果，其实他们的画才反映出了他们对植物生长和凋谢过程的感觉。从他们的画可以看得出来，每一种植物都一样有根、茎、叶子、花和果实，只因为环境的影响，他们才发挥得不一样、具有不同的气氛。只是，由于少数同学的影响，小组在外面的合作就没有坚持。

之后，我们回到教室，把桌子排成6个大桌，每桌一个小组，再用水彩画把今天观察到的从生长到凋谢并结果的过程表达出来。这次我给每个小组3张纸。结果，所有的小组都为分纸的事情吵了起来。今天一个很大的问题是，学生不愿意在这么大的小组内合作，特别是男女生之间。比如，有的把小组共用的颜料都放在自己的桌子里，4个男生用两三张纸，得不到纸的4个女生就什么都不想做。主要是某些学生对另一些同学的意见阻碍了整个小组的工作。

多数学生都在忙着大声讨论。而且，他们在教室里也已经忘记了前面观察到的特点，所以后面用上了比较多的（乱发挥的）想象力。学生在完成一件事之后，就想不到或者是不敢去欣赏自己的工作结果。在我把他们的画挂在教室后边的墙上，打算让他们介绍、欣赏、比较他们的画所表达的植物并发现关系时，学生的关注很自然地就消失了。他们的习惯好像是：完成了就可以扔掉，自己做出的结果是不会有价值的。

我尝试让每个小组集体到后边挂着画的地方向同学们介绍自己的观察工作，见图3-8。这一部分成了今天最大的问题：首先是由于我造成的误会，让学生以为是要找出同学最好的作品。由于没有及时发现这样的误会，我还以为学生这样做是乱来的。这

图3-8 学生给大家介绍他们的作品

样,我就说了他们,又继续让学生自己来介绍,同时还强调不用什么都由老师来说。结果,有的就不敢,另一些又欣赏去控制班里气氛的变化,但却没有真正可说或想说的内容。他们不敢说认真的,怕同学笑。不如说不认真的,专门让同学笑。

在集体之中,他们好像受一种集体力量的推动。他们被这种力量推到了表面,使他们能说的也只是表面上的、没有内容的话。这也可以说是一种刺激,一种不能不反应的,不允许他们发挥内心世界的追求的刺激。说出来的,都是没有思考的内容、没有感觉的想象,也就是一些不受控制,能提高刺激,从他们对自己的感受和气氛自动形成的词。

这样的问题,都是在我要求学生发挥意识时出现的。我在这个时候还没有注意到的是,学生还在欣赏今天发生并还没有结束的感受和用艺术表达感受的过程。如果现在就马上让他们来分析,这种分析就是破坏感受的。他们当然不愿意。

班里平常的安静状态是通过外在的要求和习惯，不是通过观察的习惯和内心工作得到的。学生单独观察的时候能做得到，可是在集体中就做不到。加上我个人的一个问题：由于我经常像做梦一样的状态、由于我的自我不表现，我就无法在班里的活动中成为学生的权威，无法控制学生的意志。这些问题使我第一次考虑要不要放弃活动。也许只剩下让学生写作文这个唯一能让个人意识进入行为的手段了，因为写字是每个学生自己分开才能做到的，也是一种包含固定文化规则的东西。

晚上，有六年级学生看到我伤心的样子，他们就想了很多让我快乐起来的办法。可是，有让人伤心的原因，我为什么要快乐呢？

第三天：

学生无法在小组内既主动合作去创造，同时又保持安静。我准备的活动方案已经成了废品，我就暂时放弃了我们的活动。今天要做的，只是以作文的方式安静地回忆前两天的经历。学生都表示理解我这样的做法，也有一点遗憾的表情。我也觉得这样做很可惜，因为在让学生被动的时候，他们无法发挥自己的特点。

学生写作文的同时，我自己给他们画根据昨天任务的水彩画，让学生看到我的才能，使他们的愿望终于得到了满足。但很多学生还是不知道写什么。写出来的作文，也只是记录了我对他们说过的话和他们自己做的事，没有一个词是说他们自己的感受或者自己观察到的东西，就好像自己的灵心不敢参与活动一样。

第二节课，我先介绍了根据不同环境条件长出叶子、花或果实的植物，还有沙漠中和石山上的植物，还给他们介绍了我在家门口种的一棵树：

"在我种它的时候，它像我一样高，可是有的人喜欢站在我们家门口，无聊的手就慢慢地摸树，把一片一片叶子、一根一根树枝弄掉。结果，那棵树最后只剩一根树枝。不过它还是努力地生长，重新发芽。只是由于发出来的芽太小，也都被人无聊的手摸掉了。出差回来的时候，我只找到了一根10厘米高的树干——它还是不放弃，从下面的根部又开始发芽。"

第三节课，在学生补写作文的同时，我用学校的管风琴给他们弹三和弦的音乐，可学生无法听出大调和小调表示的快乐和悲伤的气氛。最后，我在桌子上拍一些节奏，让他们一起来模仿。在我让学生跟着拍的时候，他们并没有用上节奏感，而只是靠眼睛看到的来做。不靠感觉，而靠经过视觉的有意识的反应当然太难，没办法跟上。下一次我就没有让他们看到我的手，只让他们听见。

下课后有很多学生问我："今天我们怎么样？"大部分学生尝试给我工作上的欢乐。我感觉到，他们对活动的继续还是抱有很大的希望。只有女生经常看起来好像没有兴趣的样子。晚上有一个今天最捣乱的学生来找我玩。在我提到纪律问题时他说："不挣钱、不成家，你为了什么还想跟我们做活动？"

第四天：

今天我还是没有带学生到外面去，一开始我就让他们把桌子排成小组，再给他们发画水彩画的工具。首先，我让每一个学生只用我先发的三种基础颜色（红、黄、蓝），通过把其中两种混合起来的手段让他们找到所有其他颜色。只是，很多学生不敢或者把三种都混在了一起。然后，我再次用学校的管风琴来弹快乐和悲伤气氛的音乐，也和学生们谈对于音乐的感受。在我把大调弹成大步往上、把小调弹成小步往下时，学生才正确地感受到了快乐和悲伤的气氛。

我还给他们说了发生在我们村的一个故事：兄弟俩只因为没有真正地观察对方的心情，一个就杀了另一个并后悔。通过音乐和故事，我们找到了一些有对比的题目。把6个题目分给6个小组后，我让每个学生在一张大的纸上用颜色（不用形态）来表达属于题目的感受。多数学生还是不敢把两种颜色混起来，不敢让它们发生反应，有的又全部混在了一起。因为大多数人在没有要求的状态下想不到用什么颜色，所以我跟每一个小组都分开来讨论，比如："你在看到什么颜色的时候会感到紧张和发火，什么颜色让你感到孤独？"见图3-9。在他们说出的时候，我就让他们把它画出来。后来，每个同学都找到了表达方式，女生当然是在

图3-9 学生用水彩来表达两种相反的情感

男生差不多画完时才开始的。有一个在日记里写道:"这样的任务很难受,不过我喜欢。"

今天我第二次尝试让6个小组向全班介绍自己的作品,见图3-10。可是这次我不让他们到前边,而是让他们在小组的桌子边手拿自己的画向大家展示,先说一说原来的题目和自己所用颜色的感受,再说出具有这种性格的动物。

图3-10 每个小组都要向全班介绍他们的作品

因为上次让学生做介绍时,有的只是对我说,没有让大家听到,所以这次我就故意站在离他们最远的位置,使他们只能让全班都听见。不过,大家对同学们工作的兴趣还是很小。怎样才能让学生对其他同学的作品产生兴趣,而不仅仅只关注老师呢?

让学生主动、让个人自己的因素参与课堂,是超出他们的承受能力的。每次让他们主动表达个人感受时,他们都进入了一种接近疯狂的混乱状态。让他们被动才引起安静。不过，最后他们还是做得到，他们真的说出了一些认真的感受。

在休息之后我对他们说了明天要决定下个星期的项目，让他们静下来听和思考。后来我想到：这样主动和被动的变换对他们很重要，比什么内容都重要。如果当时不变换，学生只会发生心理抽搐，使什么都不行。只是，变换的节奏还是太慢了，以后要每30分钟就改变一次。

最后我对学生说："我们班里有一些学生，我从来没有注意过他们，因为他们都很安静地工作。"一般情况我免不了主要管那些"调皮捣蛋"，可是这次，我叫了两个安静的学生到风琴边给大家弹奏音乐。根据三和弦的规律，他们马上就弹奏出了全班同学能欣赏的音乐。大家都没想到他们能弹得那么好听，使这两个我们平常注意不到的学生在心里得到了很大的支持（自信）。在学生好奇地离开自己的位置、想更清楚地看到同学是怎么弹的时候，我一边被他们感动，一边又感到可惜，因为我需要叫他们回去，以便保持课堂纪律，见图3-11。

图3-11 学生尝试用风琴来弹奏音乐

今天有一个人从长沙市过来,并成功说服了我们屯的人带他到学校来找我。他问我怎样拉赞助去办学的方法,可是我哪里懂得这些?另外,他还想让别人捐给我我根本不需要的东西。本来我为了避免这样的干扰就提前一个星期开始了活动,但总有人会把我的心从学生那里拉出去。过两天,又有3个陌生人从柳州市来找我。

第五天:

我们把桌子排成6个小组之后,我让每个学生根据自己的记忆画出我们校园的地图,再画出学校旁边的河流、小卖部、卫生所等中心地带的建设情况。昨天画的颜色发挥了学生的情感,而今天画的有逻辑连接的线条和形态组成的地图会发挥学生尽可能具体的想象力。为了让学生理解地图(平面图)的画法,我先在黑板上画了我们教室的平面图、旁边一个班的教室和楼梯间,再盖上教学楼楼顶,使学生除了一个正方形之外什么都看不到。

虽然我这么做了,可是很多学生还是无法想象如何从上面来看一座房子。比较多的学生还是无法看出房子的前、后、左、右是怎样联系到其他房子的,只有从河流开始画图的学生没有问题。

然后,我让学生到外面爬上教室楼后边的山坡,从上面来看真实的情况,见图3-12。在坡上,他们先是跑来跑去,从一块田跳到另一块,找一个最合适的位置。然后,他们就根据所见到的情况,用笔修改刚画过的图,见图3-13。有的还是没发现自己把教室楼右边的宿舍画在了左边。另一些学生到了大家休息时还不愿意下来,他们仍然在坡上观察和画图。

图3-12 观察校园的地形

图3-13 一边观察一边画出校园的地图

回到教室后,我让每个小组合作(比较和讨论)并画出两张尽可能正规的图,见图3-14。这时,很多学生还是想模仿我同时在黑板上画的图,而不相信自己的观察能力。不过,他们已经开始在小组内合作,也没有再问"我画得好不好",而是问"这样画行不行"。

图3-14 学生一起合作画出更规范的地图

把桌子恢复成平常上课的状态之后,我们就开始讨论下个星期要实现的项目。首先,我让学生说出尽可能多的想法,让一个同学在黑板上记录。学生比较随意说出来的想法有:

项目	人数	项目	人数
一辆车	3	开展打架比赛	3
机器人	7	修教室的墙壁	4
拔河	15	建设校园围墙	10
模型电动车	12	修路	7
乒乓球桌	20	修做体操的场地	8
篮球场	14	修教学楼的栏杆	15
河里游泳的地方	18	修灯、门和桌子	15
船模	11	校园内绿化	19
炸弹	2	观察环境	0

所有学生都说要在外面实现,而不太愿意在教室内。也有一些学生太信赖我的安排,他们还是问我:"我们下星期做什

么?"把学生的想法写在黑板上特别地困难,因为我们找不到一个懂得写这些字的同学。最后,我们不得不放弃用写字来记录的方式。

休息之后我就问大家,他们最支持的是哪一个主意。这次,学生才真正地参与了全班的讨论,他们都很乐意说。大家说自己的愿望时我感觉到,学生们越来越友好地希望大家未来的事情能变成真的。他们越来越相信,所有我让他们做的事都是为了他们。

最后,我让学生在小组内用刚刚画出的图来计划我们校园中心未来的发展,在哪里开一个市场(本地人常把校园内的空地当作交易市场)等。可是,他们没有耐心,也不愿意做。所以,我只好和他们一起来回忆这个星期的经历:第一天摸树的经历给他们留下的印象最深,因为"摸那棵树特别舒服"。我们也再次尝试一起来进入一个由个别学生创造、用手在桌子上拍打的节奏,可是每个人还是高兴地拍了自己的,没有合作感。

在我们活动的每一天,学生都很好奇地问我:"今天我们做什么活动?"因为不知道我们下面的活动还会带来一些什么,所以他们能这么好奇,又聚精会神、又急切地等待着。我认为,这样的好奇是最好的一种学习动力。假如我根据他们的《综合实践活动》课本来开展活动,让他们知道"老师能给我们带来的一切,就是课本上已经看到的这些",学生还能好奇吗?

如果课本或老师直接告诉学生他们应该感觉到的是什么,直接给他们说出结果,这不会培养什么。同样,我们也不可能直接给学生一些精神(思想或思维)的内容。只有老师被学生改变,学生才可能被老师改变。学生自己经历过的与老师互相影响的事才会让他们进行一种心理和精神的变化，使他们以后的做法也得到调整。

如果我很怕某些做法（比如搬桌子或者拍节奏）会引起不安、乱和吵的情况，这就会让学生变得没有肯定感所以很难合作的样子。搬桌子当然免不了吵和乱，这是必需的。如果我因为怕就希望实现不可能的事（一直保持同样安静的状态），学生就无法分清可以吵、乱和该安静的不同时间。如果我在搬桌子的时候让他们吵，他们在搬完桌子之后更容易安静下来。

同样，如果我在做事的过程中一直担心别人对我的看法，这也会使我做不了（不敢做）我认为该做的事。或者，如果我自己不知道我具体要学生做什么，学生的意志也很难接受我的引导。要吵、要安静、要开始、要结束的时候，我都要让他们清楚，要给他们一种肯定感。否则，他们就会不坚定、难受、不自信和心存怀疑。

改造环境

第六天：

星期一整天都下大雨，所以我们无法开展活动。由于窗口没有玻璃，今天教室里本来就特别冷，风又吹得大家觉得更冷，使学生很着急。今天我只用了下午最后一节课，我对学生说，我考虑了他们建议的项目，看其中哪一个适合很多人一起做，又可以在外面实现。我从他们的想法中选取的是"在河里能游泳的地方"这一项。学生就说："不过今天我们不会去游泳，怕冻死了。"

然后，我们一起考虑了建设水坝的基本需要，比如水深、面积、如何省材料、自然条件、水下情况、洗衣功能、往返道路、进水方便、山洪暴发和怎样把洪水带来的沙子排出去等，并讨论和画出了明天要利用河水平面来测量坡度的方式。

他们提出的想法比如：洗衣服的地方要建在下面，不要让洗衣粉进入游泳的地方。因为比较多的学生很关心我们该怎样实现项目，我只需要提出问题，"游泳池"的需要和解决方式都是学生找到的。我从教室内所有的方向都得到了很多自由说出来的答案。

课堂上激烈的参与，又让另一些同学以为现在到了大家可以说话的时候，所以他们就跟着吵起来。他们还分不清参与大家的和个别的谈话。可是，我已经越来越喜欢我的学生，他们也越来越多地告诉我一些没有经过考虑的事情，然后又请我原谅他们这么直接的话。

第七天：

为了做出游泳池的建设计划，我今天先给4个小组安排了河流的4段路程，让他们从上面来看小河的形态、水下情况等，并让他们画图。另外一个小组负责帮其他小组测量不同河段的宽度，还有一个小组负责帮其他小组测量河流的坡度。见图3-15。

图3-15 学生合作测量河流的宽度和坡度

分配完任务，我们就出发了。可到了河边，好像没有谁知道该做什么，特别是得到折尺的小组。他们在河边时，突然就不知道了"宽度""坡度""高度"的意义。而且我当时才发现，他们从来没有见过折尺。真倒霉，我没有注意到折尺的标度除了厘米还有英寸，这使学生更加糊里糊涂。另外还有一些学生不愿意合作，一定要单独做全部，但一个人很难又测量又记录和整理信息。只有女生小组合作得很好，她们都不需要问我。

有的学生只是乱动我哥哥的摄像机，使他无法拍摄。有的在看到别人哭并让我担心时才感到满足。我发现有3个学生爬到了树上，就问他们正在做什么。原来，他们找了个高一点、能看得更清楚的地方。他们做的工作很有用。也有的在旁边慢慢地完成了全小组的工作并做得很好,这些是最难注意到,可能到最后都没有谁去发现的。不同学生的区别真是很大!

过了一个小时,在我觉得好像什么都没有记录的时候,我就叫学生回教室去了。我们还是让他们把桌子排成小组,在小组内合作画出能做计划工作的图。我对每个小组说:"现在你们只能靠那些记录有可用资料的几个同学了。如果还是画不出可用的图,我们就无法做水坝的建设计划。"

由于小组内的谈话,在外面瞎捣乱的学生意识到:现在他们整个小组全都要靠两个认真工作的同学了。虽然,负责测量坡度的小组只是乱记了一些无用的数据,不过我没想到的是,学生最后还是画出了可以用的图。

在休息时间,我把小组画的图挂到了教室的后墙。然后,我们大家就一起来看图,并以此考虑哪个地方最适合建根据我们想法的水坝。最后,我们就选了面积最大、河底最平、水坝旁边有石头山的一段。图3-16和图3-17为学生做设计水坝的实验。

图3-16 学生选择了面积最大、河底最平、旁边有石头山的一段河道,做设计水坝的实验

图3-17 做设计水坝的实验

接下来,我让每个学生在纸上一边画,一边想出最理想的水坝设计,让学生自由地创造和发挥尽可能多的不同方案。几乎一半的学生什么都想不到,不过在我个别和他们谈话过后,他们基本上都画出了自己的方案。我也把学生关于洗衣功能、水坝旁边的路等设计抄画在黑板上。

下课后,我头脑里非常乱,也非常累。学生给我的印象确实太多了。晚上来了一个喝醉的家长,说:"你为我们做的事情很伟大,今晚到我家玩。"在我说我还需要准备他儿子明天的活动时,他又说,"一个晚上不要紧,不用做准备,去吧。"可为了孩子们,我只能不理会家长。

每天晚上我都跟我哥哥一起考虑发生在学生中的事情,考虑学生为什么要这样做,第二天上午我和哥哥考虑怎样改变方案、具体怎么做,等等。我也没想到班主任对我说:学生这几天写的作文比以前有活力、有趣和有特点了。为了长期的调查,他请我把活动延长到一年。

第八天：

上午，班主任终于帮我们找到了一部运砖头的拖拉机。可是由于这里人的性格和我不一样，我还在担心能不能按时拿到水泥和沙子。每次问别人，我都得到同样的答案："没问题，通知他就有人把货运过来。"只是每天都发生意外，还没有见人。

今天还新来了一个我从隘洞中学请来的老师。我跟学生说他们要在河里做实验，看看怎样的结构和设计才能挡住最多、最急的水，然后，我就把做实验的材料分给了小组。

今天又到河边的时候，由于学生看到我买回来的水泥砖，他们对我们的水坝就有了很大信心，大家也由此工作得非常认真。昨天我还考虑过放弃，可是今天学生的认真又给我带来了新的信心。我们再也没有了捣乱的学生，再也没有"假演"的问题。

我让他们做实验的想法是，把对水坝的想象适应事实。可惜，唯一的问题是，我给学生买的实验材料太软，又能接受拉力（砖头只能接受压力），使实验变得不太切合实际。我对女生说："你们不能总是用手拉着模型水坝，以后水坝建好了也不可能天天有人站在旁边拉。"可是，她们无法理解，还是靠自己手的力量去阻挡水流。

不过，在水里玩着的男生却找到了比较多的好和不好的结构方式。只可惜，他们这样得到的经验，在回到教室用水彩把找到的最好的设计画下来时又忘掉了，结果又画不出来。只有一边观察，一边画，他们才能把画出来的图联系到事实。而且，一种形态对他们来说还不是一种立体的想象，而更是一种有意义的象征。

这一次，我又让学生在自己小组的位置拿设计图向大家介绍并说明，男生的介绍态度显得比以前都认真（女生不开口），见图3-18和图3-19。只是设计出来的水坝具体有什么形态，他们也说不清楚。在记录和设计的每一步，他们都失去了本来在河边得到过的具体的感觉。于是，我只能给学生介绍拉力和压力结构的道理后，再定下我们水坝的结构。

图3-18　学生介绍他们测量河流的结果

图3-19　学生到黑板前介绍他们测量河流的结果

但如何开工的计划是大家一起讨论出来的：首先需要做什么？一共需要做多少任务？我们讨论的要分给不同小组做的任务有：在砌砖头时要把河水排到另一个地方去、要挖河里面的土挖到碰到河底的石头为止、运砖头和开新的能运砖头的路、搅拌水泥、砌砖头、建设洗澡功能、把河底弄平等。虽然有很多问题是学生想不到的，可是他们想得到很多好的解决方式。所以，我只需要提出问题，学生就帮助我们解决。

最后，我叫学生明天从家里带上用来挖地、砌砖头的工具。

跟学生一起计划好了之后，他们的班主任就来说我们应该在哪个地方建水坝才行。他觉得我们选的那个不行。学生几天的观察工作突然就成了"无用功"。另外，由于班主任给我们选的那个位置比较复杂，他就建议请一个师傅来帮我们做，只让学生看。对学生来说，这样还有什么意思呢？这样的话，学生只会感到无聊，只能做其他不该做的事。

第九天：

今天是星期四，其他班都不上课，因为全校的老师都去县里开会了。只有我们班上午上数学课，而我和我请来的老师却在着急地找材料。离下午继续搞活动还有半个小时，我们终于从家长们那里借到了材料并跟学生开始实现我们的水坝。

这些家长对我们的项目也感兴趣，就自愿来帮忙。午休还没有结束，学生们也已经过来帮助运送材料。看到自己的愿望和计划就要变成真的了，他们就感觉到并说出来："不管做多少，我们都做得到，都不会累。"他们高兴地扛了很多砖头，好像力气比我的还要大得多，见图3-20。

只可惜，家长们也同样高兴，在完成水坝的地基后，一定要继续砌砖头，使学生不敢来做。学生不敢一起做，是因为觉得大

图3-20 运送建水坝所需要的材料

人不承认他们不同于大人的世界,不把它当成认真的。确实,把一个半圆形结构的水坝建在正在流动的河里实在是太有意思了。结果,学生今天都没有机会自己来砌砖头。他们做的只有管理水流、开路、搅拌水泥和运送材料等工作,见图3-21。

还有几个学生为了也能做最有意思的事,就偷偷地到河的上游用石块再垒了一个小水坝。过了几个小时,我干脆让学生别再给家长提供水泥了,否则就不会有什么有意思的任务留给他们。

学生今天都非常乐意帮忙和做一切又累又脏的事,我什么都不用说,也不用安排。学生做得这么累,我也不好意思再叫他们做什么事。在我只是自己开始做什么的时候,学生就自动地过来

图3-21 搅拌水泥

帮忙，使我都没必要再做了。这种时候，假如还给他们压力，我觉得真是难以想象的事。压力根本没有可以施加的地方，因为他们都已经被兴趣牵引着。

我请来的老师主要担心我们的水坝建得好不好，我自己担心的则是学生能不能经过自己参与学到东西。我们两位老师的看法就是这样不一样，他希望有师傅，我又不要。上晚自修时我答应学生："明天不会有师傅，我们什么都要自己做。"学生们高兴极了。

第十天：

今天我们没有了师傅们（家长），也没有了帮我们的老师（我请来的老师必须回他的学校去了），所以，接下来所有需要做的事情都是学生和我来完成的。学生比昨天还要高兴。见图3-22和图3-23。因为想做事，在活动要继续之前一个小时他们就已经到了。既然来了，我们就开始。

我今天又不需要安排任何事：没有水泥，就有人自动地去帮助搅拌水泥的同学；没有石粉，就有人自动推车去拉。他们如此

图3-22　动手砌水坝

图3-23 学生正在建水坝

能吃苦,是因为他们高兴,高兴又是因为能做实际的事,能看到自己砌的水坝正变得越来越高,见图3-24。

一开始,负责砌砖头的学生中还是一片喧嚣,可是后来他们就已经合作得非常好,再也不用大声叫了。他们合作得多么好,在我让他们画图和做计划时都没见到过这么理想的合作方式。只是在砌砖头的技术和力学方面,刚开始我还需要引导他们一下。后来,我只在比较复杂的地方参与和帮忙,而且由于我们的水坝越来越高,学生又太矮,看不到那么高的地方,我就帮他们把砖头递上去,见图3-25。

有一次,我在拿砖头时摔跤了,滑到水和水泥里并受了伤,学生马上就担心,爬到坡上找来草药放在我的伤口上,并叫我休息。累的时候,他们先问能不能休息,才敢停下自己做的事情。快到结束时,有几个学生自动地去烧火做饭给仍在加班的同学吃。根据以前得到的经历,我真没想到他们在实际做事的

图3-24 负责砌砖头的学生合作得非常好

图3-25 水坝已经砌得很高了

时候能做得那么好。

在实现过程中,女生也第一次愿意跟我交流和回答我的问题。其实,只要有一点幽默,就可以跳过不敢交流的障碍。之前,在面对我的问题时她们都用手或其他东西来遮住自己的脸,也不说话。现在她们却好像得到了自由一样。

提前在纸上做计划对这里的人来说太不自然,他们都不知道该怎么做这种"不实际的事",所以就做不到。在能实现的时候他们突然什么都会了,能合作,能安排自己的工作等。所以,他们也不理解我们在开始实现之前要做的那么多的"无用的事"。对这个年龄的孩子来说,做计划的世界不是属于他们的世界,实现(行动)才是属于他们自己的、最熟悉的世界。他们还不能以理论计划的方式使用物理的道理,可是经过做和感受,他们接受得却很容易。下一次,我能不能让他们经过做和感受来接受物理的道理呢?

最后,我们的水坝还差一层,可是很多学生说,他们愿意在星期六来把它完成。到那一天,来的学生当然少了一些。被我叫来砌砖头的女生,还是像昨天那样被男生排挤去做别的事了。由于做得太多,有的男生越来越像是又着急又疯狂的样子。有一个到最后声音变得很嘶哑的,其实是做事最少的一个。

完成时,我们都很累。

在实现工作中,学生很容易做到他们在教室里做不到的。是不是因为我们的教育告诉他们:"你们什么都不懂?"通过我们的活动经历,我认为:所有的学生本来都具有很有活力的思想和情感,因为每个学生都是一个具有灵心的人。人的灵心都是最具有个人特点的东西,所以,每个人根据天性具有的思想都不一样,没有标准。

可令人遗憾的是,为了建设社会,我们现在的教育要求的却是标准的思想。

我们现在的教育告诉学生:"你们自己的思想和你们的情感不是正确的,你们需要的是标准的思想。"我们现在的教育用考试和根据标准去测试的手段对待学生,就好像他们是白痴一样,把学生根据天性具有的个人的情感和思想都给消灭了。

所以，他们已经不相信自己。孩子9岁的时候，自己个人的感受和思想开始出现，如果这时大人没有理会它，在这之后学生自己也只能否认它，使他们已经无法告诉我们自己心里的感受和想法。

我认为，正是由于这个原因，我的学生就不敢根据自己天性的感受和思考方式来回答问题，而是考虑："老师想听到的根据标准思想的答案是什么？"我们的教育首先让他们扔掉自己个人的，再重新接受标准的思想。由于这样的学习违背人的天性，所以学生接受得比较慢。

如果能让学生根据自己灵心特点的天性的思想来回答，我首先需要做的，只是唤醒这个心里已经存在的思考，把它提高到有意识的程度。但是，这是怎样做的呢？我觉得最理想的教育是：不要直接地去教思考，只要教育学生的行为，思考自然就会跟着出现。教数学那类课程当然需要培养有一定规律的思考，可是像美术、音乐、诗歌等艺术课程，只能通过做和自己在做的过程中得到的感受来培养。

活动结束后，我先回了林广屯几天，而学生在这时封堵了水坝的涵洞，使我们的"游泳池"变满了。大部分男生每天中午都到里面游泳，欣赏水和自己在水里的动作，高兴极了，见图3-26和图3-27。那些因为怕冷不敢游的同学也带着饭来到水边观看。后来的时间，我们就每个月用一个星期来开展活动。下一次在观察的时候，我想让学生感觉到并表达出环境中的美；在做事的时候，我想让学生意识到自己的感受或者感觉到事物与整个世界的关系，也就是说，自己做的事情对我们的世界会有用。

图3-26 学生感受自己建的游泳池

图3-27 男孩子在游泳池里游泳

在继续搞活动的前三天,我和哥哥回到了学校做准备。刚刚过去的三个星期里,由于在医院等地方帮别人安排了一些麻烦事,我们离开学生的世界确实太远了。另外,有人说电视台想找我拍摄，让我担心有更多的观众到来。还好，电视台后来答应我不来。我作为大人而失去了美的心，需要这三天时间才能进入学生心里存在的另一个世界，一个具有美的世界。

本来，我打算星期一和学生观察水坝对环境的影响，可是我自己都无法发现。唯一的结果是——什么都很美。所以我又改变了计划，要和学生去表达"游泳池"的美。首先，我自己给学生编了一首歌。歌词是：

每次看到我身边的石头、
有生命的花、有情感的动物
或有思想的朋友时，
我都知道她存在着
特点和才能。
为了这我就爱她。
每当我发现需要做的事，
如果我去做，就实现。

发挥意识

第十一天：

我首先对学生说：我们做活动不仅是为了我们自己，更是为了人类。为了那些不能参与建水坝的学生，我们要编一首歌给他们听，那就是建水坝的歌。我先让每个学生用7个字来写一段诗。大部分学生尝试表达了建水坝的事实、感激之情和对水的赞美。有的学生不想只写一段，可是我们还是要由全班来创作一个作品。

然后，学生在小组内把8个句子联成了一首诗，而且每个小组派一个人到前边去给全班朗诵自己小组的作品。在全班面前朗诵的同学虽然还不敢表现得很认真、不敢在同学面前认真看待自己的作品，就在朗诵的过程中笑自己，但是从全班认真的反应里我还是感觉到，其实他们在心里很愿意做正在做的事，见图3-28。第二次朗诵时，愿意以举手方式表决的同学选择了他们最喜欢的一段。

图3-28 学生在班里朗诵自己小组的作品

在我们休息的时候，我把学生选择的那几段连成了我们全班的歌词，然后让学生把它抄写下来：

哪怕山高水又深，
山高也有人行路。
我们建碧绿的游泳池。
亲爱的卢老师给（让）我们做水坝。
建设、建设，不怕累，
我们班的游泳池。

在抄写过程中，我听见自己身后传来学生们小声说"这么美"之类的话。因为今天特别冷，有的学生又很同情我，他们就在上课时送给我又热又好吃的东西，只是我都来不及品尝。我给学生唱我自己谱曲的歌，唱第三次时他们就开始跟着唱了，因为他们一听就觉得很美、很喜欢。他们像我一样觉得：悲伤的歌特别美。到了休息时，他们都不愿意停下来。

再次休息过后，我还是把风琴扛到了教室，选了我们平常很难注意到的学生来弹。后来大家还帮我找了更难注意到的几个学生，使他们终于受到了关注并在后面的活动中变得更活跃。只是，人数比不上男生一半的女生不愿意在男生面前做任何事情，干脆拿课本来遮挡自己的脸。

被请上来的10个学生，虽然没有把每一句都限制在7个字，可是当大家以举手的方式表示好感时，我还是把那一句给记录了下来。大家都很有好意，没人故意破坏，可是，一个创造过程还是免不了引起一定的乱。由于大家都想主动参与到这个创造过程中来，很多人不断跑到前边来围着弹管风琴的同学。如果不叫他们回自己的位置，大家的手就会同时弹起来。一位同学正在创作音乐时，其他同学都想以自己的行动参与到创作的过程。因为创作就是行动，而行动就是创作。只不过这并不好安排。

如果要让学生意识到自己的做法对全班的影响，我就必须把创作的气氛破坏并引起反感。这个问题我无法解决，因为创作需要无意识的好感，有意识的都免不了产生反感。到了晚上，我当然还需要花很多时间修改学生弹出来的气氛快乐的音乐，它才成了一首有头有尾的歌。

第十二天：

我首先给学生分配了任务：今天每两个学生成为一个小组，来摸并用泥土仿造一块骨头。其中摸和仿造的学生不能用眼睛，另一个学生则一边遮蔽这位同学的眼睛，一边观察他的工作。然后再互相交换任务，见图3-29。

图3-29 学生用泥巴来仿造骨头的形状

给每两个学生发一块脊椎骨后，我们就到外面的田里去动手做了。多数学生不愿意闭着眼睛做。有部分学生觉得，没找到感觉或者不习惯的观察太难了，于是他们就放弃了所有不能很轻松地在一分钟内完成的事。然后他们就无聊，找其他事来做。我还尝试着以修改他们作品的方式来让他们观察得更准。可是，由于我选的田里的土没有黄土那么合适，我们因此很难做出好作品。而那些能接受和面对困难的，往往是不能表现自己的学生。

　　休息过后，我们在教室里一起谈摸骨头的感受。学生虽然经常无意识地看见杀猪，可是，在我让他们互相摸同学背部的骨头时，他们还是很难想象是像他们仿造的那样，觉得好像没那么尖。我还告诉他们，脊椎骨起的是包围和保护主神经等作用。往上的骨头完全包围（最封闭的是要保护做出想象的脑的头骨），而往下面神经就越来越敞开，到了用来活动的腿部，神经就是在骨头外面的。不过学生最关心的，是卖猪的人收了我多少钱。

　　说完这些后，我还让学生靠眼睛来画自己面前的骨头。发纸时大声说"他偷我的纸"的学生，其实是受不了被怀疑，想表示还有其他同学也像他们一样做。大部分学生虽然觉得自己去观察不如抄我的画，可他们还是很安静。只有我自己很怕保持不了，所以，我就用剩下的时间给学生唱我根据他们的创作编好的歌。对我修改歌谱的事，他们说："不行！"有时，他们就是喜欢反对。

　　再休息之后，我先和学生练习唱歌，后给他们介绍学校要发生的变化，让他们考虑和画出新的厨房该怎样设计，并让他们画出炉灶的供氧和排气装置，以及用黄泥还是水泥砖等材料。

在我们刚唱完歌，让学生思考煮饭的炉灶时，他们无法理解：为什么要突然停下来？音乐刚刚让他们活跃起来。让他们进入了一种无意识行动的气氛，使得他们吵着，乱成一团。我的批评也成了除此之外的乱嚷。结果，我认为有发火的需要。而发火这种无控制的状态，又使得我自己很难受。我在这时缺少的是幽默。而且由于缺少幽默，我就没有办法，使被我批评的学生也无法看得起我。

后来我才懂得：不是学生想乱，而是我们唱歌发挥了他们的主动性，也启发了他们想团结进行动作的愿望。音乐是一种无意识进入团结节奏的手段。唱歌之后再让学生抽象地思考和想象当然不符合人的天性。下次，我不应该在要封闭思考时，而应该在要行动之前才跟学生唱歌。

我在晚自修把上次活动的作品还给学生，那些用心于自己作品的作者不得不看到：部分同学抢着要他们的作品，并在抢的过程中把用心画的画给撕扯烂了。这真让人心疼。还好，小学生身上的问题还是在表面的动作和说出来的话里出现的，而中学生身上出现的问题却已经转到了内心，是看不见的。所以，中学阶段被隐藏的问题才更难解决。

如果受不了自己的情绪，我们就必须把它乱说出来去麻烦别人，让他们受得了。如果受不了自己的情感，我们必须做出反应，去影响我们身边的人。承受不了某种情况的人就会打架。如果不把它说出来或者做出反应，我们就必须自己接受和承受。一般情况下，没有过分表现自己和能控制好自己对外界反应的人，都是内心坚强、自己内心有承受能力的那种人。他们才承受得了。

　　这是对于自己的情况，而下面写的同样情况，则是对环境的感觉：如果我们真正地感觉或者知觉并意识到环境中的因素，我们就必须承受很多。不愿意去承受的人无法感觉和意识到环境中的因素，而且因为感觉和意识不到，他们就随便去影响环境。所有自己受不了的事，我们只能让世界承受。只有我们感觉并意识到环境和身边的人要承受的痛苦，我们才会停止给它们带来新的痛苦。可是这样，我们就要替它们承受。

　　而因为在主动行动时，我们虽然能改变世界，可同时也排斥了所有的外来感受，所以我们在想承受时，就需要进入一种被动的状态。只有被动、只有在有了内心的安静时，我们才能在自己的内心中给环境留下一个能进入的空间，而只有环境进入了我们给它留下的空间，我们才可能感受到它。所以我说：只有被动地承受，不去强迫，我们才能接受（感觉到）一些环境中的真理，才能不让别人承受。我希望，我的学生能感觉并意识到环境中的生命和追求，不管是自然的还是做建设的，使他们改正自己对待环境的行为。如果我能成功，他们同时也必须承受得更多，也就是在自己的心里承受他们感觉到的事情，不因为受不了做出反应。这就是说：我们的活动越成功，学生要受得了的就越多。这样对环境、社会和整个世界来说是最好的。不愿意承受的人无法感觉并意识到环境中起作用的力量，而且因为感觉不到，他们就随便影响和欺负环境。可是自己感觉到和承受的，就会改变我们对环境、社会和世界的行为，也就是为了世界。

第十三天：

昨天早上校长已经告诉我：教育局要给学校建围墙，所以我们马上就要把学校的食堂给拆掉。并且问我能不能和学生建一个新的蒸米饭的炉灶。我只好让我们的活动适应学校的需要，否则学生就没饭吃了。

为了昨天黄泥的事，我先对学生说了对不起。然后，我在黑板上给学生画我设计的炉灶的图，包括每个砖头的位置。炉灶的内部我们准备用黄土，因为它不像水泥砖这么吸收火的热量。介绍完毕，虽然学生急切地想出发，不过我们还是先唱了我们的两首歌，然后才一边唱，一边出发。

建水坝时还留下有足够的建筑材料，所以我们马上就开始了。有的学生打扫要当新厨房的那间黄土房、有的搅拌水泥、有的砌砖头、有的夯实黄土。女生都非常老实地把黄土从山路边给运过来。不过由于厨房太小，容不下46个学生，一部分男生只是在旁边看着路人经过。

原来我是打算用建炉灶的黄土根据某些感受来造出不同类型的"庞然大物"。这种"庞然大物"不要是他们见过的，而应该是把一些事实上存在的情感和欲望变成形状，也就是让感受到的特点慢慢地形成形状。我想，没事情做的学生会跟着我一起做。可是后来，因为着急地要在拆掉旧食堂之前完成新的炉灶，我们就没有了足够做"庞然大物"的安宁。

这时，我真希望有个了解我学生的老师来帮忙，让我关心"庞然大物"，可是我又担心，在外面人来的时候，我就必须给他看和解释他所希望看到的，使我更没有时间去关心学生。所以在我听说今天有一个来找我的广东人到了县城,但因为路太难走,她就折回去了,我又觉得这样最好。

下午整个课程结束时,有部分学生留下继续工作,直到完成基本结构为止。其实,今天的活动是真正的劳动而已,只是在帮助学校。利用学生的事让我感到歉疚,所以我决定,今后再也不带学生做不能发挥他们意识的事。

我慢慢地产生了一种感觉,好像自己想出来的要培养感觉的手段只是一种游戏,没有真正的作用。我就想:群体中行动和参与热闹是一种阻碍学生去感觉环境的因素。我认为,只有学生停止在群体中的活动而被动地把自己与环境的联系断开,只有他们做不能跟别人说,也不能让大家参与的事,他们才会承受痛苦、才会有意识。只有停止(行)动,他们才能在自己的内心中给环境留下一个它能存在的空间,使得他们能感受到身边的事物。在行动时能感受到的只是自己。

如果学生能感觉到有某种事情发生,可是他们自己并不能参与进去,他们就必须从"外面"来看,心里会感到孤独、感到痛苦。这样,使得他们既能承受又能意识到环境的事实。靠游戏的手段是做不到这些的,只有孤独的心才能去承受事实。所以,我想以减少学生感觉器官的方式,去提高感觉过程中的意识。

第十四天:

今天进教室之前,很多学生来摸我带来的两个袋子,我都很难限制他们的好奇。我把我们班分为两列,分别坐在每张桌子的左边和右边。然后我对学生说:"今天要做的很难,你们两列要看到的东西不一样。明天做模型时你们需要两方面的知识，那时你们需要互相帮助、互相介绍和咨询你们今天看到的东西。如果你们今天不遵守我的规则，我们的实验就无效。"

然后，我让每桌左边坐的学生把头放在桌子上，脸朝下，不让他看见任何东西。在让他们这样坚持的同时，我给每桌右边坐的学生介绍一个滑轮组，见图3-30。首先，我将一个最简单的滑轮组挂在教室中间，然后慢慢地增加了越来越多的绳子和轮子，得到了越来越有效又复杂的滑轮组并给他们表演。对于提升速度的减力作用（或提升力减慢速度的作用），学生感到很惊讶。我把它收起来后，坐在左边的学生才能看。

然后，我又让每桌右边坐的学生把头放在桌子上。在让他们这样坚持的同时，我给每桌左边坐的学生介绍一台我用纸做的挖土机模型。我一边装好，一边介绍我是怎么做它的，最后表演它的功能。把它收起来后，坐在右边的学生才能看，见图3-31。

大家基本上都把我们今天的实验看得很严肃，只有8个学生坚持不了并偷看了不该看的。其他同学只是说："快一点，我忍耐不了！"因为要看的同学坐在不能看的同学中间，他们也不太敢接受我的介绍，更不敢像平常那样乱提问题。而在表演结束之后，有的学生马上互相介绍所看见的东西。

休息后，我让学生说一说不能看见而得到的感受。学生说出的基本上都是"很吵，平常看的时候我们感觉不到这种吵"（其实，他们今天特别地安静），"我们什么都听得见，平时听不见那么多"，"同学很热闹，好像发生了一些事情，很难受。平常看见时我们喜欢热闹，可是看不见时热闹是很难受的"。

图3-30　第一次，给学生演示滑轮组时，只有坐在右边的同学能看到

图3-31　第二次，给学生演示挖土机模型时，只有坐在左边的同学能看到——最后一排的一个学生坚持不住，在偷看

学生还说了很多其他的方面，都是指一些事情在平常无意识地看见时觉得舒服或者正常，可是在看不见时，同样的事情就让他们感觉到了难受。有的还说：感觉到有事情发生，可是没有参

与的机会，使他们很难受。坚持不了的同学则说，他们头痛或者眼睛痛。可见，我终于成功地提高了学生感觉中有意识的程度。在单独一种感觉很强烈的时候、在完全有意识的时候，所有方面的刺激都会变成痛。

我还让学生以画图的方式来计划明天要做的一种有功能的模型。他们画出来的比较有意思，只是他们很难想出能让模型不同部分动起来的方法，这使我需要回答很多个别学生的询问。方法可能是通过做出来才能弄清楚的。最后，我们还是唱了我们的两首歌。今天他们唱得很大声，用整个力量去感受。结束后他们都继续唱下去，如果此时还要开展其他活动，那是不可能的。

大部分学生不愿意和老师们讲普通话，包括上课时间。除了数学之外的答案，他们都是用壮话。在我们的活动中就不一样，我在活动过程中听到的都是普通话。这也是他们在生活中第一次做到的。前一个月，我的学生连在课堂上也不愿意说普通话。现在我却发现，他们下课后在校园里玩的时候，相互之间也说一些普通话。是不是他们真的在乎了我在活动中说的话？

第十五天：

一开始，我们就把桌子排成6个小组。然后，我给每个小组分配做模型用的材料（模型纸、透明胶和剪刀）。另一部分材料（绳子、铁线和钳子）是大家在需要时共用的。这个做法成了今天最大的问题。

我把昨天介绍过的滑轮组再次挂到了教室中间，使部分学生用它来做了实验。而且我昨天做的挖土机的"手"也在6个小组之间传递着,让他们得以观察。同时,我让他们自己来做任何一种帮我们节省劳动力或者能活动的机器,见图3-32。

图3-32 学生分成6个小组,每个小组合作制作小挖土机

我拿着绳子在小组之间走来走去,在学生说需要时就让他们随便剪。我本来以为,学生在开始的时候会考虑做什么、怎样做,可是几乎有一半的人不断地大声地叫:"他已经得了,我还没得!"我重复地说:"你们在小组内合作,不一定每个人都需要同样的东西。"可是,他们本来就有了这样固定的想法:首先需要保证自己得到能得到的,千万不要吃亏。结果,他们都没开始做模型。有的得了之后才发现,自己其实并不需要这些材料。

终于做起来时,有学生的手指又着急又粗鲁,就把原来模型四边的外形压成了平面,使它变得很弱。少部分学生增加了加固功能,使他们的模型变得很耐用。学生们原本想每个人来做自己的模型，可是进度太慢。我就对他们说："我们的时间不多，如果不是几个人在小组合作，你们就很难做完。"于是，同一小组内的两个、三个或四个学生就把已经做出的部分合在了一起，成为一台机器，见图3-33。

在做模型（实现）的过程中，他们都把自己还不具体也还没有成为事实的想象变成了又具体又真实的。同时，学生通过做和感受，很容易地就接受和了解了这个模型的功能所包含的物理规律。这是通过"做"才达到的效果。大家都进入了一种勤奋而忙碌的工作气氛，每个人的脸都变得又红又热。我们足足用了90分钟一直来做模型，然后才休息，见图3-34。

图3-33 制作模型的过程也是合作的过程

图3-34 学生通过动手做和感受，很容易就接受和了解了这个模型所包含的物理规律

时间到了，但很多模型并没有完成。这个时候，停止工作成了一件让人难受的事。学生把桌子恢复原状之后，每个做完模型的小组在教室前边介绍自己的作品。当然，他们没有什么要说的，主要是表演。有的不敢一个人到前边，所以我就允许整个小组一起来做介绍。有时，做表演的学生以粗鲁而又没有理解模型功能的方式来表演小组细密的作品。这时很明显的是：真正的作者只是害羞地站在旁边，看着他的伙伴一边吹牛，一边把模型给表演坏了。

我让大家回忆这个星期的活动时，今天做模型的活动给他们留下了最深的印象。自己做出来，而且做出来的还有功能，这就让他们感到了惊讶。来编歌的过程也给他们留下了与命运融为一体的感受。而唱我们自己编的两首歌也就成了我们这个星期活动的结尾。晚上，学生还对我说我们的活动如何帮助他们提高了写作水平。

我认为，如果感觉和意识不到更多的作用，如果为了感受自己就把其他的存在压下去，我们就避免不了以不理会的方式去对待环境。在别人看到我感觉到那么多因素、感觉到自己的做法给环境带来什么后果时，他们就说："如果要意识到那么多，这样的生活不是很难受吗？"我说："意识到所有的事情当然是受不了的，可如果我们自己能承受多一点，我们就可以让我们身边的人和环境承受少一点的痛苦。如果你们不想承受，也可以，就让环境承受吧。"

然后，我的朋友们就很担心我。他们觉得，怎么会让我承受那么多，我这样不是活得很不快乐吗？其实，如果排斥这样的意识和承受，我才不快乐，因为这样我就不能做我认为人需要做的事。只有我承受、只有我不反抗承受、只有我反应得跟别人想象的不一样，也就是不反应，我才能给别人提供不同的思维机会。

我暂时打算在第四个月的活动中做更多在感觉中发挥意识的事，让学生安静下来，让他们在心里营造出外界可进入的空间。比如，我想把我们班一半学生分成三个小组，给他们一些工具和材料，可是不同小组得到的都不一样。然后，我想让他们用这些工具和材料做一些东西，使具有不同工具的小组为了完成任务就免不了交换并合作。同时，我想让我们班的另一半学生把头放在桌子上，不让看见，也不让参与，只让他们听见别的小组的同学怎样处理合作问题。做好之后，我想让班里的两部分学生互换角色。

在一次爬山后，我又想：我的学生很想、很愿意思考和做一些不同于平常的事，只是因为他们自我的意识还没有醒来、他们的动作和思考过程还在做梦状态中，他们的思考就好像是被动和自然发生着。头脑中发生了很多做梦一样的思考，只是，他们想做的那种思考就是不发生。小孩本来还是直接从欲望、愿望等意志去反应，也直接从感受去反应，他还不会有意识地去思考。是不是我对他们的要求太早？那么，怎样才能让他们的意识醒过来呢？

学生的思维，也就是学生头脑里的精神虽然已经很完整，但它还是睡眠在环境中。学生四肢的活动已经很活跃，已经行动在环境中，只有头脑封闭的思维还在睡眠。如果我能让活跃的、还不完善的行为变得高级一些，给它一些精神和道理，行动包含的道理就会以自然的方式唤醒已经存在的思考。我就想让小孩做一些有道理和包含意义的事情，使得小孩动作中的道理唤醒他们有意识的思考，也就是说，让他越来越有意识地发现自己动作所包含的思考（道理）。再说，我要让学生先做一些有道理的动作，一些老师给他们安排的，学生还不理解的动作，而且在做当中，小学生才能感受、感觉和认识到这些做法所带来的意义和思考。这样做的话，就是让学生在自己的行为中得到感觉。发现自己动作的道理，也就是被唤醒过来。

  这不是跟我现在做的活动正好相反吗？我到现在为止和小学生做的是"从感觉找到做法"，可是这样做，就需要孩子们已经具有了感觉中的意识，即感受和意志之间的思考。小孩哪里有？大人根据自己已经认识到的道理去做事，他们不应该做自己不理解的事，可是小孩还没有这个认识。小孩的感觉还是直接跟他有意志的动作联系起来的，还是在睡眠中同情自己的动作，他怎么会有引导自己行为的思考并决定自己的行为呢？我想，我原来做的是错误的。因为小孩是从动作开始去认识世界，在动作中明白过来并获得认识，所以，他只能先"在做中找到感觉"。小孩跟大人正好相反，大人才能先有想法和计划，然后找到有根据的行为。

  感觉器官的感觉过程就是：先以同情和睡眠着的状态进入外界，把印象"抓"回来，然后才反思，最后为了认识事物把印象拆开。我怎么能让他们违反感觉过程，先做计划？怎么能让他们像某些大人一样从自己对于世界不真实的想象来开始？

小孩以好感去感受并在做事的过程中得到感觉、理解和认识。他们所有的发展都是从意志（行动）开始的。根据天性，他们还不能直接从感觉去开始，更不能从思考想象（计划）去开始。只有让他们的动作接受规律，然后从自己内涵规律的活动得到感觉，这样才不是让他们接受自己不熟悉所以无法接受的东西。

　　小孩的这种意识虽然在9岁时开始出现，可是到他们14岁时，这个过程才完成。14岁的小孩才能像大人一样去学习。而我的学生们思考还没有获得独立，还不属于他们个人，他们还需要依靠着我的安排。

　　在让学生做模型时，学生首先没有考虑什么功能，而是仿造了我让他们看见的模型。在做的过程中，他们才发现了自己所做模型的功能，也就是在做的过程中才发现了自己工作所包含的逻辑和思考。小孩就是不能先去思考和做计划，而只能从动和做来发现自己在做的事情包含的意义。难怪，我让他们先在纸上做计划时，每次都很失败。难怪学生都不知道该计划什么。

创作

第十六天：

首先，我让三个学生在全班面前尝试做今天的实验：一个眼睛被蒙住的学生去摸另一个学生坐在凳子上的状态，再把第三个眼睛也被蒙住的学生安排成同样的坐姿。结果，很多的学生就想做这样的"表演"给同学看，只不过这是为了感受，而不是表演或者比赛，见图3-35。

为了让大家都去感受，我们让教室里的桌子作为6个小组之间的分界线。然后我让全班学生在小组内做刚才示范过的实验、让刚好没事做的同学做观察。可是，大家并没有行动，而只是吵了起来，就好像他们不知道该做什么。但最终他们的好奇还是引起了他们的行动。最后，他们虽然没有变得安静，可是大家都做了实验，而且做得又急又猛烈。要把同学安排成同样坐姿的学生问我是否做得对，我就说，你们小组的其他同学要帮着观察（但他们就是想得到老师的肯定）。

图3-35 学生蒙住眼睛感受主动和被动

由于连续几天不停地下雨,今天非常冷,大家都很着急,很想多动,连需要被动的人也想主动,使多数人无法真正地去感受。只有少数被动的学生真正去感受了不同主动人的手的不同特点,也感受到了"看见、主动、没有感觉"和"看不见、被动、有感觉"之间的区别。

休息并把桌子恢复原状之后,我们来谈主动和被动的不同感受。不过今天他们说不出什么感受。他们去摸的过程太快。除了冷之外的原因可能就是他们所说的这样的感受:蒙住眼睛的情况很难受,很难坚持,因为不知道同学在做什么。

我们在主动状态中很难感觉到什么,如果想得到强烈的感觉,我们必须被动,允许其他因素来触动我们。原来我还想让学生用脚来做一个简单的模型,让他感受到人类的手(动物没有手)所具有的创造和改造环境的特点,可是我对学生说:"我觉得,今天你们很难安静地接受那么多活动,所以我在下一节课先给你们讲故事,然后再看情况。"

我给学生讲了一个我自己总结的、两个性格不一样的人在同一个村里发生的故事。一个人怕闷、找刺激、有说服能力、怕吃亏、用别人的钱拉关系,另一个喜欢独自观察和思考,在别人欺负他时也不去反抗,他同情一切,让该发生的事发生,该成的成。其实,我们身边爱观察的人很多,只是由于他们不引人注目,我们很难注意到他们。另一种人我们很容易注意到。接着,我向学生介绍了我们这星期的整个活动,让他们表演的计划使他们特别地高兴。这个月我们还唱了我们上个月的两首歌,这已经成了我们的好习惯。

然后，我就在这时停止了今天的活动。可学生央求我在第3节课也搞活动。他们说，如果不上数学，他们就会很安静。可是我说："先有态度，后有后果，明天再有机会了。"第3节课我让给数学老师的时候，我也有一种不好的感觉产生。

晚上，有个学生给我送来了一个热的小火炉。几个学生到我宿舍烤火时，当天最调皮的那个也在。我就问他记不记得今天在搞活动时做了一些什么。他说："记得，我都跟……打架。其他的就不记得了，因为我当时发疯了。"

第十七天：

连下了4天雨，今天雨第一次停了，所以我们就要去野外。我不想让学生回教室做介绍资料。我认为，如果在教室里重复外面已经观察过的东西，不仅连接不上去，也会变得很多余的样子。所以，我们今天的活动除了准备之外，全都是在外面开展的。

我给学生介绍了世界各地的树在秋天的不同变化，然后说，我们今天要用水彩把枫树秋天的颜色画下来。材料是我带给他们的（每人一张）。由于学生急着想快点出去，他们无法继续听我说话。

虽然天气不是很理想，没有太阳出现，但我们已经预感到了明后天的雨，所以我们就抓紧机会去爬山。有的学生拉着我的手跟我一起走大路，另一部分学生选那些没路的地方，直接走了上去（坡度为45度）。每次我们经过一个学生的家时，这个学生就请我回来时进他的家。只是，怎么去得了那么多的家？大约半个小时后,我们爬到了一个有老枫树的地方。见图3-36。这时,我们再也不像前几天那么冷,而且学生马上找来了水。

今天发水彩和其他材料的过程非常好。我没想到:在看到女生不敢和男生一起排队时,大多数男生就主动帮女生要了(以前是男生抢女生的)。学生在山上就是特别地快乐,所以他们变得那么有礼貌,并以安静的方式自己排定了小组,然后马上就开始了画画。见图3-37。我叫他们注意叶子的颜色是如何变化的,比如边上的叶子最红,而眼前的景致,就好像把不同颜色的水彩组合起来一样。

图3-36 学生找到一个有老枫树的地方,开始画水彩

图3-37 学生用水彩来画秋天的色彩

有的学生很快就想放弃他们的画，可是我专门拿这些学生想放弃的作品来加工，而且在我帮着画了之后，他们也很愿意自己继续来画。这里的枫树不仅特别高大，也给我一种好像里面有光或者发光的感觉，这是消逝之前一种凄然的美。见图3-38。只可惜，大部分学生表达不出这种感觉。不过，他们都能表达与黄色的光相反的黑，自然而然就变成了蓝色的树干（互补色）。见图3-39。

图3-38 这里的枫树特别高大，好像发着光，带着一种消逝之前的凄然的美

图3-39 学生给我看他的画

三个很难做观察工作的学生去了附近的一个教学点，推动那里一、二年级的小学生互相打架。另一些学生帮我把同学已经画

完的画排成一条线，让我们得到一个整体的印象。

在他们都画完的时候，很多学生突然不见了，后来我在那个教学点里面找到了他们。他们正在一、二年级小同学面前玩"当老师"的游戏。被我发现时，他们说要给小同学唱歌，所以我就说："我们先一起去看你们的作品，然后再给小同学唱我们的两首歌。"见图3-40。我们就这样做了，唱完歌之后，大家都分散，各自都回自己山里的家去了。

图3-40 学生自己跑到了另一个教学点，给小同学唱他们自己的两首歌

教学点的老师还请我跟他吃饭，可我还是跟留下来的几个学生（住校生）回学校去了。今天，大家的脸都兴奋地红了起来。昨天最调皮的学生在今天爬山时一直都拉着我的手。今天我们的活动只包括了1个项目，效果很好。以前活动的第一天就包括4个项目，确实太多了。

第十八天：

今天又下雨了。我首先给学生介绍了电影的发明和人们当时的反应。之后，我拿了我和哥哥给学生做的6个小放映机向他们介绍它是怎样工作的，并给他们画出我们的小机器需要的那种胶片标准。学生看到模型时都很兴奋,他们很想自己来做。

学生把桌子排成6个小组之后,我给他们分发了做模型需要的工具和材料。我让教室左边坐的学生把头伏在桌子上。在他们不能看见时,我给右边的学生发了材料。得到材料的学生比平常分发材料时显得安静得多,没有发生从同学那里抢东西的现象,很有礼貌。

然后,我让右边的学生把头伏在桌子上,给左边坐的发材料。这次,得到材料的学生(前边已经感受过的同学)也比较安静,不过还是比不上右边的学生。也许是因为有一部分右边坐的学生没有合作,没有蒙住眼睛。可见,起作用的不仅仅是自己已经得到过的感受(对于同学态度的感觉),更是因为有同学正看不见,所以更能注意和感受这种事实。

实验结束,大家都能看见时,有部分学生马上就出现了刚才不敢的行为,喊叫着抢同学得到的东西。有的小组不得不把透明胶切割成每人一块。这时,我给每个小组发了一个放映机模型,让小组内的部分学生仿造,另一部分学生生产适合它的胶卷,并在胶卷上画自己的动画片,见图3-41。

图3-41 学生合作制作幻灯片机

由于学生这个星期调换了座位,男生和女生不愿意在小组内合作的问题又变得比以前突出。有一个小组内男女生之间的问题好像是一种自设的定律或目的:他们一边打闹,一边对我说别人的不良。还有,学生不能同时行动又保持安静。在小组内的创造工作要求人合作,人需要离开自己封闭的中心,就意识不到班里的情况。在我让他们合作创造时,大家免不了大声地讨论。只有单独一个人的创造动作,才可能让他们进入自己的中心并引起安静。不过当时,我就是想让他们合作。

由于兴趣很大,导致动作太急。结果,他们把握不了标准的大小,也安装不完不同的配件。所以,只有3个小组完成了他们的模型。不过在模仿、仿造和尝试过程中,他们都了解了电影技术的功能。下次再看动画片时,他们肯定再也不会对技术迷信了。

学生用完两节多的课不断地工作,我让他们停了下来,并让他们围住一个小组的桌子和上面挂着的灯泡。然后,我就拿了学生

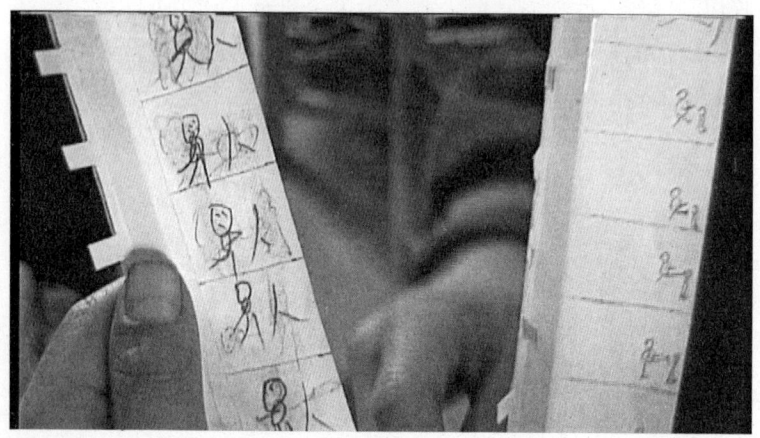

图3-42 动画片机所用的胶卷

做的动画片(图3-42)和自己做的放映机把他们的动画片放给大家看(图3-43)。创造了动画片的学生急切地要我放出他们的片子。但很多人没有欣赏他们看到的同学的作品,并觉得不如继续做自己的。

晚上来到我宿舍的学生比较多。他们说,在他们很高兴的时候,免不了变得很大声,很吵。有的还解释了打同学的事情,说他们就是不能输,不管情况变得多严重,因为被打又打不过别人,别人就会看不起。我说:"输或者吃亏有什么要紧的?"他们回答,他们也更喜欢一个安静的教室,也更喜欢像我和我哥哥那种老实的朋友。而我说:"成不成为这样的人,不是你们自己决定的吗?"本来,小学生还是依靠着老师的自我。

另一些学生问我:"你不会打架吗?"我回答:"不会。"他们说:"这不好!"我说:"如果我不还手,别人很快也没有理由再打下去。"他们又说:"我们不会让别人打你,如果有人要打你,请告诉我们,我们帮你打。"

图3-43 播放自己制作的动画片

最调皮的学生也就是最喜欢靠近我的学生，他们经常带东西给我吃。他们就是希望把我当成"老大"，而且很难理解——像我这样的榜样怎么不会打架？根据他们的感觉，打架是光荣的，有利于得到尊敬和荣誉，而因为没有创造过属于自己的环境，他们也无法感觉到破坏。

第十九天：

有了前两天比较活跃的活动，今天我们就想做安静的事情，就是一起来准备明天要在野外演的电视剧。编这样的故事，是因为我发现：学生根据他们的文化背景（壮族和港台录像的影响），无法理解为什么打架不好。他们以为，我在内心里像他们一样是想打架的，只是我能控制自己，让自己不打。我很难否认他们的情感，我能做的，只是在他们的感受中引起变化。所以，我就跟我哥哥写了这样一出表演剧，向学生讲述：

在一片叶子已经落完的小森林里，树上有一把剑，而且这把剑能给人带来无限的力量。树底下生活着一群树人，他们靠这些树去生活，不过从来不敢碰树上的剑。在一片什么都已经燃尽的地上，生活着一群火人。他们想偷森林里的剑，然后就到森林里去威胁树人说："如果你们不说剑藏在哪里，我们就会打你们。"树人也到火人开会的地方去偷听，得知火人为了找到剑准备把整个森林烧掉，这使得树人很担心自己的生活来源。在火人来攻打时，树人先躲了起来，被发现时就挺身保护自己的树，火人就把树人绑了起来，说要把他们和森林一起烧掉。不过由于火人特别高兴，喝醉了，这次树人还能救自己，把火人拖走了。然后树人开会决定：为了对付火人，必须第一次用给人带来无限力量的剑。在火人再来进攻时，树人在用剑还击时引起了地震，把火人打伤了。可是大家这时却发现：被这把剑击中而流出的血会变成毒液，把森林毒死。所以树人再次开会并决定：为了拯救自己离不开的树林，也为了不给火人一个消灭树林的理由，就把他们的剑销毁掉。当火人再次来进攻时，树人就销毁了他们想得到的剑，使得火人失去了目的，终于散开，再也不回来。

说完故事后，我让学生自己来考虑树人、火人和剑的名字。不过这个过程却造成了混乱，经常有学生为了告诉我他自己的想法就跑到我身边。结果，一大帮人都跟着跑过来。可是只有这样，这个故事中的角色才成了他们自己心中的。

再后来，我叫想演火人的学生都到教室前边，想演树人的都去教室后边。大部分的学生马上就分别跑到了前边和后边，而且跑到前边的火人马上就开始大声喊出他们的战斗口号。树人则很老实地站在后边。两种人很自然地已经表现了自己的角色。他们反应得那么激烈，这真让我感到惊讶。幸好我把这一段安排在休息之前，否则我们也无法继续下面的思考。

休息过后，因为要把表演剧拍成故事片，我对学生说了一些拍电影的技术问题，比如每个镜头都可以先考虑后分开表演；声音要同步录下，所以摄像机旁边的人需要安静，等等。因为学生特别喜欢考虑电影技术的问题,所以下课之后,他们还跟我谈了电影里怎样出血、造烟幕和人物飞起来的问题。我再次讲了整个要表演的故事时,学生变得越来越着急,使我差一点控制不了课堂情况。只有部分女生搞得好像表演与自己无关,只在做作业。

这次唱我们的歌,我让学生唱得小声一点,结果他们唱得非常好听。下课后,其他班很快就知道了我们明天的事,我们班的学生都告诉了他们。而在晚上时,很多学生去偷木材来做表演用的剑。

第二十天:

准备今天的表演时,我都怀疑自己能不能做到。由于我也非常紧张,肚子从昨天也开始痛。

我带学生来到了一个有板栗树,比较陡的山坡。我哥哥给学生做的剑让他们很满意。他们特别高兴地跑到了山上,不过,重复地拍爬坡的镜头很快就让他们累得半死。因为没有排练,具体的表演动作和对白我不能定,都是由学生根据故事和地点自己随意创作的。安排整个表演成了一项辛苦工作,过程很慢。学生当然没有学过如何用动作来表达各种情节,我经常需要说好几次,他们才有反应。女生又不太愿意动。不过,较多的学生非常努力,重复地做到了一切能做到的。图3-44(1)~(7),学生表演电视剧。

由于感觉到学生没有力量去等我解决太多个别的事情,我今天就无法管个别学生出现的一些困难(口渴等)。我只是把一个在表演打架时过于疯狂的学生从同学中分了出去,让他休息、冷静。结果,另外几个学生也说他们快要发疯,就自觉地去旁边休

活动经历 123

图3-44（1）

图3-44（2）

图3-44（3）

图3-44（4）

图3-44（5）

图3-44（6）

图3-44（7）

图3-44　学生表演电视剧

息了。在表演过程中，我哥哥的脚突然受伤，只是学生并没有发现。结果，我哥哥就无法根据原先的设想从多个不同的特殊的角度来拍我们的表演。

表演过程结束后，大家都很累，觉得时间太长了（105分钟）。这时我们就回到教室，只有我哥哥无法去。然后，我给学生介绍了自己在德国和中国的经历。这一节课他们完全安静了下来，比任何时候都安静。整个气氛充满了友爱和理解，我真被学生们感动。

最后，我还问他们这星期什么给他们留下的印象最深。他们说，虽然表演过程中他们对整个情况和自己的做法不满意，可后来他们却觉得，今天的事是他们得到的最大的满足。今天，他们的歌唱得非常美，非常温柔（以前他们总是喜欢尽可能大声）。

我对他们说："虽然你们有时又乱又吵，又不听话，好麻烦，不过在活动结束的时候我很伤心，我还是爱你们的。"然后，学生不想让我走，什么都愿意为我做。学生现在才发现我哥哥受了伤，所以他们很多人都到我们宿舍去看望和关心他。由于受伤，我们还得在学校待几天。等学生都已经回家，我哥哥的伤好了以后，我们才敢走5个小时的山路回到我们以前住的那一家。根据过程来说，我们的活动失败了。只是活动在学生心中引起的变化，是我现在还不能知道的。

到了下个学期，活动班的学生很明显地成为了一个"家"。他们在看见我的时候想起了我们的活动，使他们都有了自己的梦。本来，学生总喜欢跟我说一些无聊解闷的废话，只说为了好玩的话。可活动班的学生现在找我谈话时，很愿意说认真的心里话。比如，有的问我怎样让自己的爸爸停止赌博，另一些问我人死之后的情况。

他们调皮并给我带来难题的做法实际上只是在考验我的做

法，看我到底能不能成为他们希望我要成为的权威。其他班的许多学生叫我"爸爸"，他们需要我成为他们的依靠和权威。在搞活动之前，他们也有欺负同学或者要求同学为他们服务的几个"老大"。可是在活动的过程中，学生就看不起想当"老大"的同学，结果，这些同学也不能继续当，大家都平等地发挥了自己。后来他们到了六年级的时候，还是这样子的。

意识的发展

通过理解而培养的行为是没有力量的。有意识的思考虽然能让我们认识到打架不好,但不能给我们带来改变行为的力量……只有情感和行动,才能给人带来改变社会的力量。

我最失败的活动

如果我让学生去动手改造生活环境,让他们做不需要考虑的建设工作(实现),他们很容易做得到。这很像他们家里很自然就需要承担责任的生活。但学校里的生活与家里的不一样,因为学校里的、只由小孩组成的社会是暂时的,所以它也出现了一些暂时性的社会问题。小孩集体的情况都会使得他们脱离真实和严肃。虽然学生也非常需要改造自己生活的经历,可是因为我没有必要在这方面做实验,我这次就没有跟他们做这么重要的与感觉成对比的事情。我与他们尝试做的,只是他们感到最难的感觉的和意识的工作。

不仅这种观察活动很难,对感觉的理解本身也很难:人的感觉器官虽然在身体里,但从它们的结构和工作方式来说,它们是属于环境的。它们把外界中发生的带到人的身心之中来,使得人在自己的内心中能参与和感受到外界发生的事情。感觉器官感受外部环境,并通过四肢带入个体之中。四肢也是属于外界的一部分,是受环境的力量影响而形成的。外界和精神宇宙中的力量和道理通过感觉器官里的"四肢"的功能进入身体之后,这些力量就继续被转到封闭的头部。在这个与外界完全分开的头颅里,外界和精神宇宙来的力量就被堵塞和反射而产生意识,然后还被反射回到了胸腔中,而在属于情感的胸腔里,我们就感受到了它们。也可以说,由于外在的活动在头脑里被反射和安定下来,通过这种使它安定的过程,它才变成了内心中的感受。[①]

[①] 作者对感觉的理论阐述均基于R.史代纳的精神科学,下同。——编者注

学生进入被动、心理安定的状态是有必要的。否则的话，环境发生的事情无法进入到他们的内心，无法在他们的内心中产生影响并被感觉到。在主动活动的时候，我们都在排斥想进入我们内心的外界因素，使我们无法在自己的内心中跟着去感受。在行动时，我们虽然能感受到自己身体里对外界的反应，但这种直接的反应会让我们沉浸于自己的动作，因为外界的因素是直接进入到四肢就变成行动的。但为了能真正有意识地感觉到从外界要进入我们内心的事情，我们需要让行动（反应）与感觉相分离，需要让从外界接受的精神进入到做反应工作的神经系统，而这是在不动时才能做到的。

我们以四肢，以无意识的意志能直接进入到真实的物质世界中去，既接受它，又对它产生影响。但以有意识的思考和认识，我们不能直接地进入事实（包括它对我们的作用），而只能进入在头脑中从事实反射出来的像。否则的话，我们的自我意识就无法保持自己独立的思考，而要像意志一样与环境融为一体。假如我们的自我能有意识地进入到事实的环境中去，它就是受不了的。为了受得了，同时又保持独立性，我们需要给它创造一个仅仅是对环境的想象的内心世界。意志才能不断形成、演变成精神的愿望。

所以，下次的活动我就考虑这样去安排：

让学生去做（主动的意志）：
开始的时候，我要给学生清楚地分配任务，而任务的基本架构是每天稳定重复的。为了更好地、更团结地进入行动，也因为行动总是集体的，所以首先要唱歌。所有的学习，都需要从自己的行动开始。

学生首先需要的是行动，是做，是在做中感受，不需要做任何计划工作。做也可以是仿造，但一定是还不具体，所以具有活力的、包括所有可能的一种意志行动，也可以说是在混乱中的创造。如果产生的感受是在内心（情感）的，这比较适合低年龄的学生。对外界的观察比较适合大一点年龄的学生。反正，学生应该自己经历过一些什么，应该放开地与环境融为一体，也应该欣赏、应该感受形成中的事物并理解和包容他所进入的环境。在这个时候，学生的感受还是来自自己身体的主观感受。

让学生记录和表达（既被动又主动的情感）：

这一部分不要定下任何对结果的要求，而要根据每天稳定的习惯来进行。使用艺术的记录不应该是与观察（感受）分开的，艺术表达的过程应该是直接从无意识的感受来产生的。可是，为了能感觉（接受）到外界中的因素，现在不能是主动的。不动是为了在内心中造出一种空间，让环境的因素进来（如果是充满了知识或者要求的被动，产生的就不是感觉，而是麻木）。艺术创造的工作是从所感受的环境才得到动力的。为了达到这一点，我要让学生观察、模仿和制作出一些他们根据逻辑还不理解的事物。在逻辑的思考无法参与时，艺术创造过程中的意志和情感才有了发挥机会。

表达完之后，学生才可以有意识地去看、比较和认识自己工作的结果。不过，为了避免感受被破坏，这不应该是在同一天进行的。行动（意志）把自己与环境相联系就等于"呼"，而被动的认识（思考）就等于"吸"。这样的变化就不会让学生累。在当天的活动结束时，学生只要向大家报告自己的作品或一起来回忆当天的经历，然后一起唱歌。认识是第二天的事。

让学生去认识（被动的思考）：
在第二天感受已经消失的时候，学生就有了足够的距离。在第二天的行动之前，他们就能认识前一天所表达的事物。这时的认识已经不会破坏原来的具有好感的感受。这不是去评价昨天的作品，而是有意识地去认识和发现昨天活动经历背后的规律。这时，我们需要从真实的世界分离出来，仅仅在对它的想象中思考。

这个需要被动（不动）和意识的第三步就是学方法。大家在教室里以谈话的方式来认识事物的特点和需要，这不应该是按照逻辑来分析的工作，而应该是通过比较去发现共同规律。只有用心（通过情感）而得到的理解（感动）才具有改变生活的力量（动力）。为了以后的动力，学生最后的判断工作必须是在情感（呼吸等节奏）的范围中发生的。

如果学生在认识一件事情之后来决定如何改变，这不能靠没有力量的智力或说法，而只能是靠手和腿以它们的行动来决定。

我肯定不会跟学生谈这些教育方法的事情。教育是孩子最不应该考虑的事情。这样才能避免把学生不可能把握好的事情和压力转嫁给他们。我仅仅该要求学生去做某些我替他们想好的事情，让他们承受和感受。这就是他们能做到的。

我不要直接给精神的内容，因为这只会影响到精神自由地发挥。不如学生在观察我和整个世界时，自由地感受和发现一切事物中存在的精神规律（道理）。在物质的事物中感受到精神，这也就是活动主要的目的。如果活动能让他们在我们世界的各种各样的形成过程中发现通过物质体现出来的精神，并观察到自己如何成为世界形成过程的一个因素，这会使得学生感觉到由自己的生活所带来的（老师不会知道的）任务和责任。

　　这次参加活动的是四年级的班级。在我认识这个班的时间内，他们已经3次更换班主任。在刚刚过去的寒假中，学生也刚发生了突然意识到自己的那种变化，使他们开始隐藏自己的内心世界并有意识地观察外界。为了避免只是为了骄傲地给别人看这种考虑形象的做法，也为了避免任何媒体的报道，我和哥哥这次也没有拍任何照片或者录像。我也知道，别人在没有经历过跟学生在一起多年以做准备的情况下也能做活动，可是我没有别人那么厉害。

　　有一天，我让学生在小组内感受主动影响到别人和被动感觉到别人的动作习惯。两个蒙住眼睛的学生成为了自己不能主动的木头人（木偶），而另外两个学生去牵着（动）他们，让他们互相相处、打架等。不过，由于身边的学生要主动，当木头人的同学做到被动就非常难。

　　我们活动中所有被动的事情，学生都很难做到。我们的"木头人"总是想随着自己的感觉行动，很难根据牵着他们的人的感觉和习惯而动。不过，只有不动，内心里才会产生一个外界的真理可进入的空间，外界的真理才可能在他们的内心中存在，成为他们的感受。

第二天再去认识所感觉到的东西时,学生说:被动不适合我们的身体,我们都想自己动,动我们的人很像一把打我们的锄头。他们感觉到的,是同学们平常无感觉所以太激烈的动作。不过,同时他们也表示,非常喜欢做这样的任务,未来需要继续练习做被动的木头人。他们希望我给他们这方面的帮助。如果说"被动",这还不准确,应该是"不动"。

但如果只是因为看电视或者只有上像看电视一样好玩又刺激的课才安静,这并不能让学生留下一个外界的真理可进来的空间。因为这时候,他们的心里满满的,是不给外界的真理留下空间的一种状态。这是一种心里又不留下空间、自己又不行动的情况。通过行动,我们在自己的内心中排斥外界并让自己投入其中;通过接受刺激而得到满足达到的这种不动和安静,我们让自己什么都能感知到,但同时处于被动状态。

因为我自己悲观的心,我在这时以为:不管这里的学生具体能做什么,只要他们能够认真、能够严肃,就是成功。有一天,我让学生做了最严肃的一件事:我前年开展的活动不仅给了我们快乐,同时也给了我们很大的痛苦。现在活动班有一位同学叫牙东云,在我跟另一个班建的游泳池里失去了生命。所以我对他们说:"牙东云离开了她的身体之后,她已经无法参与到我们物质的生活,但她也不像很多大人那样依赖着物质(的享受),她很容易离开这个生活,所以她很快就会发现物质生活之外的更美好的、更安宁的一个世界。虽然在那里没有了痛苦,但为了能跟我们做事情和学习,她很快就会回到这里的物质世界来……"

然后，我让她的同学编一首歌，来纪念溺水而死的牙东云。有的学生哭了，可是另一些学生受不了严肃，就说人死得真舒服。我们做得越严肃，他们越受不了，就去搞可笑的事来排斥。他们不敢，所以排斥。

我像接受淋雨一样接受了这次失败，放弃了我对他们的愿望。我让他们感觉到这一点。但这样比较危险，会使得他们失去依靠。但同时我发现了：只有我让学生感觉到他们的命运与老师的命运是分不开的，他们才能够认真。只有我允许学生接触和影响到我的命运，精神的力量才会进入到我们的关系，而我的存在才能让他们的生活发生改变。

在这个活动最困难的时候，有人告诉我："我接了一个记者的电话，他说马上到这里要采访你。"我虽然拒绝了，可记者还是来了。因为不敢让他看，为了避免媒体报道，我只好停止活动。我很怀疑自己，我要求他们严肃是不是不合理？是不是害了学生？我知道，快乐的心情和幽默能帮助做严肃的事情，我也经常尝试在严肃做法的同时发挥快乐和幽默，但我要求他们严肃，这适合小孩的天性吗？

活动已经过了一年之后，我才懂了：学生并不缺少可承受的东西，反而在农村要承受的已经是太多。没有大人来安慰他们或跟他们分享。但小孩要追求的是进入生活和热爱生活。我是不是忘了给学生带来进入生活做事的力量？另外，他们想经历事情的渴望又很强，不断因为兴奋而发生各种各样的事情。如果是有意识的感受的话，那是谁都受不了的。提高感觉中的意识只适合在家里跟成人在一起的小孩，而过集体生活又没有大人的孩子更缺少的,是能让个人兴趣、个人的追求进入到集体的那种机会。如果能让集体接纳个人,如果能用个人来建立集体,把集体建立在个人追求上,孩子失去自己这种危险就没那么大。那才是留守儿童的需要。

  如果在对不幸事件产生意识的同时不能让学生发挥带来力量的文化,结果就只能是他们没有改变事情的追求和力量。如果不要变得无力,意识就不要超过文化的创作。所以,为了学生,我要让他们学会的是创造精神在物质中表现出的文化,是通过创造文化去寻找新的力量。毕竟,物质文化只是被浓缩的精神、被具体化的精神。

寻找新的力量

我可以找出很多我们活动失败的原因。比如，我们做的表演没有形成作品，没有了结果就不算是创作，动力也就没有了。或者，因为每天都有不同的活动内容，没有连续性，学生就很容易失去那种"生活是具有后果的感觉"，也很难深入下去。但这都不是失败真正的原因。

只有老师的命运和学生的命运是互相影响和无法分开的，只有老师允许学生接触和影响到老师的命运，学生的心里才可能真正发生改变。学生依靠着我的情感。但因为我这段时间不让他们参与到我的情感，学生还会放弃自己。这就是我们失败的主要原因。而我把自己封闭又是因为我的心态。外面的关注越多，我就越封闭自己。学生虽然喜欢活动，但同时又不能认真合作，这就是他们心中的两种互相战斗的力量。他们希望我能原谅他们，希望我能当他们心中的权威。但我个人太弱，没有对学生充满希望和信心，只想放弃。学生需要的是心理强壮、不会放弃他们的老师。其实我想放弃的也不是他们，而是自己。

在过去的生活中，我只为了自己的兴趣做事情。我不该把活动看成是自己制造的，因而属于个人的东西，因为这样只是阻碍了通过自己来发生作用的超越个人的真理。只有放弃占有个人的项目和目的，然后重新开始做人，我才能脱离崇拜者给我的幻想的形象、才能很纯洁地为了世界的事情而做。

放弃所有联系到自己的想法是获得超出个人力量的秘密。在把自己所做的事情联系到自己时，我只能靠属于自己的力量做事，而这是远远不够的。但如果我能做属于真理精神的事情，比个人更大的力量才会通过我来发生，使得所做的事情不受个人能力的限制。只有我个人没有了目的，精神的真理才会进入我留给它的空间。创造项目比较容易，不过，让自己对活动固定的想象（目标）消失是非常难的。

我犯了一个很大的错误，在我的生活和活动中，我都犯了同样的大错误。学生无法合作只是因为我没有跟他们一起做找到欢乐的事情。在这一段时间，我仅仅发挥了意识，而意识是基于反感的。我没有把我们的思考跟情感联系在一起，并没有创造给人带来力量的文化。从自己的感受而产生的新东西才会给人带来希望和力量。我单独发挥的意识让我感到了问题的存在，它把我们为了改变情况所需要的力量夺去了，把我们变得无力和瘫痪。现在什么才能让我恢复做事的力量呢？

我去了村里朋友的家，跟他一起耙田。我非常欣赏在自然中全身接触到泥土。而这种感受就帮助了我治疗和恢复我心里停顿的状态。然后到了周末和放假时，我从一个学生家走到另一个学生家，每天晚上都在不同的家、不同的屯住下来。多数的家长都不在，所以基本上都是学生自己请我来住，和我一起做饭等。与学生在山里的生活非常自在。平常让人担心的事情都不存在于自己的心，完全是一种与环境融为一体的放心的生活状态。在这些日子里，我心里的好感让我对什么都放心，也让我对过去的记忆慢慢地消失。没有了记忆，我也就没有了可反思的事情，而在以后的每一个暑假中更是这样的。

过了半年的时间，我就想：当我故意把自己（自私的自我）消失的时候,我就没有了能交给学生或世界的自己。只有在有自我的时候,我才能把它交给孩子,把自己交给某一个高于我自己的任务或精神。我还是要使用自己的自我来创造活动,但活动是学生、世界和精神的,不是我的。它需要我来成为实现它的工具,而我要感觉到它形成的需要。

对我的学生来说,生活中最有意义的最能带来感觉的,是打架,大部分是比武,是感受自己厉害的样子。其实,他们也很需要身体的互相接触来感受自己,否则他们会失去感受带来的依靠。从4岁上学以来,学生都只跟其他小孩生活在一起,都是住在学校里,没有大人在他们的身边。回家的时候也很少有大人在。其中的留守儿童在这时已经占了60%,而且每一年都增加10%,到2010年以后,这个比例达到了90%。在只有小孩的社会里,他们天天都演习和欣赏打架所带来的感受。不管是打还是被打并受伤,他们都觉得很光荣,这都能给他们带来所愿意的考验和感受,见图4-1和图4-2。我怎么能把他们生活的意义拿走呢?我也不想让他们空虚。

但我能做的是,给他们平常为了感受自己、好玩刺激和小矛盾的打架带来精神上的意义,让他们通过在实际活动中表演打架来表达一些精神上的道理。如果演打架的戏是表达精神过程的,也许打架本身就会变成一个不那么重要的因素。

学生虽然也怕没有面子,但是同时他们很佩服那些要经过和承受某种考验又不怕失去面子的人。特别是佩服那些让自己身体承受,又保持纯洁精神的人。他们在身体打架的活动中也很喜欢把自己交给了什么,让自己的身体为了什么服务。这种渴望,这种等着

图4-1 学生周末在家里玩，想象自己是个英雄的样子

图4-2 学生周末时在家里玩比武

献身机会的精神很可贵，是一种可以把影响很多事的私心燃烧掉的热情。这都非常适合让自己的身体承受，并为了高级精神意义服务的表演活动。

反过来，只有具有内涵的、有道理的动作才能把睡眠在环境中的精神带进小孩的头脑，把它唤醒过来。如果环境和世界中的精神进入了他们的身体，它就会变成属于他们个人的独立的思考，而在外界规律中存在的精神进入了个人封闭的头脑之后，它才可能达到有意识的认识。这就是动作中内涵的道理做到的。只不过，学生平常发挥的动作是只为了满足身体的、是无意义的，而这样的动作与精神没有什么联系。我们人类的文化也就是精神意义在物质中的表现，使得物质具有精神的内涵。

这里的青年正开始把自己从过去的传统约束中解放出来。他们在寻找新的生活意义。但他们在新社会中能找到的，都只是媒体和社会所宣传的消费"文化"，使得他们最后只能走向提高消费的欲望。而为了跟得上媒体所宣传的消费，他们就会去抢和偷同学的钱。为了不让这里的青年进入要抢和偷的黑社会，我们需要给他们除了消费主义之外的选择，需要给他们一些不同的可追求的东西，那就是让精神进入到物质中来的文化。为了精神的追求，有的青年还会在无意识之中去破坏物质消费的东西。

通过理解而培养的行为是没有力量的。有意识的思考虽然能让我们认识到打架不好，但不能给我们带来改变行为的力量。我们的动机还是从人的欲望、愿望等意志来发出的，而头脑聪明的思考只是作为如何实现的工具。只有情感（感动）和行动，最容易的是在集体中的情感和行动，才能给人带来改变世界的力量。

我跟上次失败的那个班要继续的活动就是原来缺少的长期的创造文化的工作。我想跟他们拍电视剧。这样，我们就能在几个星期内只用心做一个包括各种各样部分的内容。每天都能有继续，使得我们能每天增加深度。

跟学生做创作，做大家一起才能完成的创作活动还能促进从个人到集体的过程。以后，留守儿童会越来越多，以后最适合的只能是一起创作，让每一个人的想法和行为都来决定我们大家的作品，让大家的作品包含每一个个体的因素。创作也就包含了个体的感受和集体的行动，或者说内在的感受和外在的行动。也只有这样去做，才是跟学生自己有关，才会让学生感觉到是他们自己的事，不是别人的，所以就更有责任感和力量。

学生需要创造只属于他们几个人的一个世界。如果有老师去参加和安排，这个老师也必须是只属于他们的。否则的话，他们就会失去自己，不能放开地表现自己。创造过程必须是他们几个人的秘密，但得出的结果是为了所有人的。只是，这样一部电视剧能表达什么精神过程呢？

这里的青年都生活在一种矛盾之中，就是依赖环境的、传统的、包括迷信的家乡世界，和依赖电子媒体的、现代的打工世界这两种世界之间的矛盾。他们被分成了两个世界的心能代表整个人类的发展过程，而这就让我想到了要表演的故事的背景。

我一边在山里从一个学生的家走到另一个学生的家，一边观察学生所在的两个世界。我这一段时间经过的地方有光秃秃的石山、悲惨的村庄、原始森林被滥砍滥伐的地方和表现现代社会的有电脑和录像的学生家。原始的自然环境不仅把人的思考吸收、分散和消失，也让人加入到自然中去，使人都不知道自己在做什么。从而，人就不断地从加入自然而得到的感受来行动，有时甚至是疯狂着行动，这就造成了集体性的依赖。这种依赖让人无意识地和环境融为一体的行动，是野蛮的迷信。图4-3和图4-4为与学生一起观察和感受自己村里被砍伐后的山坡。

现代技术把人从环境中分离了出去，让人生活在自己头脑里封闭的幻想中。虽然是它才让人发挥独立思考的能力，但它也让人在真实世界中的行动力消失了。我还从自己的生活中体会到，在未来

图4-3 山上被砍伐的树木

图4-4 与学生一起观察和感受自己村里被砍伐的山

达到精神自由、精神被解放的世界里,人的任何认识都必然带来行为上的后果和责任。这个世界的人就会感受到:"如果我不去做世界需要的事,这些事就没有进入世界的机会。"

学生想要的是战斗,所以我们就要表演这三个世界,即古代的魔法世界、现代的技术世界和未来的解放世界之间的战斗。前两种力量都想控制和利用人,它们都尝试通过人来实现自己。但在这个战斗的过程中,部分人会发挥新的意识,使他们会解放自己,脱离两方面的依赖，自觉实现第三个世界。图4-5为学生玩累了，在老师的怀里休息。

图4-5 学生玩累了

人类意识的发展

我们现代社会中的追求,是以各种各样的方式来避免对痛苦现实的意识,是寻找刺激的娱乐,也就是生活在我们给自己建立的现象中。能感觉和意识到我们生活真正样子的时间很少。我们花钱买来的技术只会帮助我们逃避现实和真实的感受,帮助我们进入这个假的想象世界。我们追求的往往是没有生命、没有真理力量的、炒作出来的形象或面子。这样的生活是为了什么?我们还能感觉到幻想模式之外的真实的世界吗?还能思考和做除了这个生活模式之外的事吗?还是都要淹没在娱乐和消费的海洋里?或者只有在发生灾难时,我们才能感觉到这些?

山区的农民生活在另一个世界,不过他们中的年轻人去了广东打工,所以也碰到了这个在幻想中存在的高科技世界,并非常欣赏它。他们的心分成了两个世界,都不知道自己属于什么。这两个世界的区别太大,使他们什么都适应不好。那么,山区这个属于过去的世界会让人感觉到比我们现代人更多、更真实的东西吗?

山里的壮族往往无法告诉我具体准确的信息,总是根据感情来说一些无法确定的模糊的事,使我以我逻辑的思维感觉到,一个人说的与另一个人说的同样一件事情或者同一个人前后说的同样一件事情都有矛盾,就是没有逻辑。我本来没发现的是,这里人的思考不是靠逻辑,而是靠情感的。只要我不用逻辑而用情感去理解他们所说的事情,我就完全能理解,就没有矛盾。

他们就是生活在一个与现代逻辑时代不同的世纪。对他们来说,我们现代人认为是传说的东西还是活的,是他们的心与自然环境之间正在发生的感受。他们自己的独立于外界自然环境的思维还没有出现，而是完全加入（参与）到外界中。根据他们的状态来说，他们本身就是环境的一部分。

因为这样，他们就不能在脱离环境的逻辑中思考，而只能在环境中感受。结果，他们表达的也更像是一种气氛，而不是固定的概念。没有固定概念的思维是没有意识的，所以这里的壮族人会说："思考一个小时，不如劳动十个小时。"

大部分时间，我的学生的感觉还在他们无意识的动作中发生。它还没有转入到有意识的头脑中去。因为怕闷，他们不断想象自己做着各种各样事情的样子，让自己的头脑不清醒。自己正在做什么，他们来不及意识到。让外界因素进入到自己的头脑，只承受，却不反应，是一件非常难，也让他们非常难受的事情。有的不能安静的学生说，我应该让他们每天上山，让他们百分之百只发挥四肢的动作，他们才可能合作。有的女生也说，在观察之后（第二天）去谈和认识所观察的，是一种让她们很难受的状态。当然，进入自己并获得意识和认识，没有在自然环境中精神处于睡眠状态那么舒服。对他们来说，进入自己是一种刚开始的、非常难受的过程。

这是2005年之前的情况。从2005年以来，我发现了壮族山区快速的变化，到了2010年，我已经不容易观察到这些，除非是在停电的时候。因为我知道，壮族还是在古代的意识状态（没有意识）中。因为我还知道，每一个小孩在他的成长过程中也要经历整个人类已经经过的这个发展过程，所以，我从壮族学到的东西就帮助了我去理解小孩早期的状态。

如果观察山区小孩怎样走山路、在木棍上行走和从一棵树跳到另一棵树去，再观察城市小孩如何跟山区的小孩一起玩，我们不仅觉得他们的平衡感发挥得不一样，甚至还会觉得，山区小孩做的动作是物理的平衡规律说明不了的，就好像他们与大自然中的某些力量是融为一体的。跟城市小孩走路总要掉下来的样子比较，农村小孩好像是半飞翔的样子。因为农村的路不平，小孩走路时都需要与环境"合作""玩"并被"辅导"。他们的四肢接受到环境中的一些力量，使得他们的身体被引导或扶持着。四肢从环境接受到的力量是那种在7岁之前塑造和形成过身体器官的构造生命的力量。这种环境精神的力量直接地对人的肌肉起到作用，它不需要经过头脑的反应。山区的小孩具有一种接近动物的本能，使得他们与自然环境中的力量联系得很紧。靠这种本能，他们就能感觉到一些与自然分开的现代人不能感觉到的事。城市的小孩不仅不相信自己的平衡感，也好像在物理的平衡规律和自己的思考之下做不到这些动作，他们无法与想引导或扶持着他们的力量融为一体（他们的平衡感在电子媒体的作用下也确实没有得到发挥）。

这里壮族人的精神还在四肢的活动中。由于现代社会强调智力，人的精神慢慢地从四肢转到形成固定形状的头脑中去，人的精神就会变得越来越抽象（逻辑的思维）。将来如果精神完全转入到抽象的头脑中去，我们就很难学到一些现在的壮族还能很自然地学会的技能，因为这些自然的技能是在四肢无意识的状态中得到的。为了不要让精神抽象化而死掉，我就让所有的学习都从四肢的行动开始，然后才让它转到做出反应的头脑中去。

人的感觉在人类进化的过程中也得到转变。很早以前，所有的感觉都是很自然发生的。以前的人很自然就能感觉到别人心里的特点，可是现代人已经无法见到别人的内心世界。现代人还能很自然地感觉到植物的颜色等特点，可是这方面的自然感觉在将来也会失去。越来越多在感觉方面的能力在将来只能通过教育得到。人们随着人类的发展需要发挥对万物的意识。只有教育工作者意识到产生感觉的过程，他们才能依靠这些意识的手段来培养人已经不会自然出现的感觉能力。随着意识的发展，我们会失去自然的感觉能力，可是随着意识的发展，我们也会得到有意识地去培养感觉的能力。

在人类发展的过程中，在小孩成长的过程中，不仅是感觉器官慢慢地萎缩，超出物质的直觉能力也同时萎缩。古代人很自然地直觉到超出物质表面的东西。他们免不了见到很多对于人体产生影响的非物质的力量，他们甩不掉这些直觉，特别是在自己快要离开生命的时候。比如直觉到的是：刚去世的亲人不愿意脱离物质的身体和物质身体带来的物质追求，为了抓住已经抓不到的物质生活就去骚扰还活在物质身体中的亲人。这样得到的直觉使他们非常害怕，好像他们直觉到的力量就是在欺负他们。为了受得了、为了不怕，他们就需要实践一种很热闹、麻木自己的生活方式，才摆脱得掉这些。

在2005年之前，山区的农民还有很多很神奇的、原始的功能。虽然人们还不知道一些精神力量的道理，可是这种能力不是通过自己的努力，而是自然得到并依赖的。在这种原始的印象之下，人不能自由行动，而要听从直觉到的力量。但这些直觉碰到了物质主义后，就变得越来越腐败。

虽然属于以前的人能感觉到很多我们现代人感觉不到的，不过这种属于古代的能力不是用有意识的手段培养出来的才能，而是自然发生的。这些能力都是集体的，属于民族、环境等，并不是属于个人的、独立的。它像生命一样无意识地发生在他们的身上。所以，当时的人不仅非常害怕（迷信），也没有自由决定自己行为的能力。这种感觉给人类带来的是依赖，不是自由。

　　为了脱离依赖，我们先需要失去这种具有不定型活力的可是无意识的感觉能力，我们感觉的能力需要先失去活力而变得固定，感觉器官需要先形成固定具体的形状，我们才能发挥出意识并认识到所感觉到的东西，这样才能自由决定自己的行为。现在，我们大人已经部分获得了这种认识能力，可是以后我们还要有意识地学会去感觉并学会有活力的那种感觉，而且重新学习感觉的手段，是通过对感觉过程的意识才能找到的。这样，有意识的手段就代替了古代那种自然发生的过程。

　　小孩的感觉能力还是属于古代那种状态的。这种感觉状态是属于环境的，是非常有活力，又是无意识的，就像呼吸的过程一样。还没有定型的古人去感觉颜色的过程在实际上就是生活在颜色的感受中，而不是认识到颜色。这样来说，古代人的眼睛是"呼吸"颜色的一种器官。当时如果有声音，跟着振动的就不仅是耳朵的鼓膜，而是整个灵心。整个人都跟着声音而振动，都去模仿和仿造，可是并不能认识到声音。

　　人类进化的第一个发展阶段，人已经有了属于个人独立的身体，所以他们当时主要是要发现和熟悉自己独立的身体。但是他们所有其他的范围，就是构造生命的力量、心理动力、智力的灵心、意识的灵心等，都还不是属于他们个人的、独立的，而是集体的、属于民族和环境，依赖民族和环境的。因为是属于环境的，所以他们还能自然地感觉和接受这些物质身体之外的，集体使用的生命、心理等力量，而且他们非常依赖所感觉到的力量，不能独立，也不能自由。然后，在人类的第二个发展阶段中，构造生命的力量也获得了独立性，变成是属于个人的，使得人们感觉不到生命环境的影响，在这方面也获得了自由。接下来的心理动力和智力灵心的发展阶段也如此。

现在，我们已经到了人类的第五个发展阶段，也就是正在发展意识灵心的阶段。现在，我们大部分还属于集体存在的意识、属于环境的意识，要变成个人独立的。现在意识还没有独立出现的人还是能感觉到属于环境集体的意识。个人的意识还没有排斥和代替他们原始的感觉和依赖。我们所感觉到的，比如是面子这种因素。怕在社会的眼光中没有面子就是这样通过环境集体的感觉而引起的依赖。但是已经有了个人独立意识的人已经不能感觉到面子这种因素，这使得他们能自由地做事，不依赖面子方面的恐惧。

我们在现代生活不可能明白和理解未来才要出现的境界，是因为人类在未来才会慢慢发展出这个境界。如果说，那是我们靠灵心境界的自我意识来改造和解放现在还属于物质的境界，那当然只能听起来很抽象。也可以说，比如"进入自我的精神"就是指脱离了对心理动力的依赖的精神。下面右边表示的，是像人类的进化一样人的成长在不同范围获得自由的年龄。

1. 物质的境界：在物质的身体中出现（感觉外界的事实）：

物质的身体	（矿物也包括的范围）	0 岁
构造生命的力量	（植物也包括的范围）	6/7 岁
心理动力	（动物也包括的范围）	13/14 岁

2. 灵心的境界：使精神和身体相联系（个人心理的、思考/情感/意志、所有印象都联系到自己）：

心理的灵心	（也是心理动力）	
智力的灵心	（也是自我意识）	20/21 岁
意识的灵心	（也是进入自我的精神）	

3. 精神的境界：在生活中只是一个萌芽（超出个人的无形的真理、认识、独立发展、永恒）：

进入自我的精神	（被改造的心理动力）	后天习得的
构造精神的力量	（被改造的构造生命的力量）	后天习得的
精神中的人	（被改造的人体）	后天习得的

为了能摆脱依赖，发展出属于个人的独立存在的精神的境界，我们必然先失去以前集体无意识的直觉。通过自己的努力改造得到的新的灵心才是有意识的，自己改造得到的新的精神才是我们自由控制的。

古代人觉得，灵心（灵魂）的各种各样的力量（欲望、好感、情绪等）是从自然界来的，好像是从外界来攻击或者帮助他们的，所以他们就没办法逃避这些力量的控制，在接受的印象下也不能自由独立地思考。只有在见不到自然环境时，比如在山洞里，他们才能发挥一点意识，才能创作出反映某种经历的艺术，可是在自然中，他们无法保持自己头部封闭的状态，他们的意识就被吸收了出去。

　　了解这样的古代情况对教师很有帮助，因为小孩成长的过程也一样。在成长的过程中，小孩要失去自己与环境力量的连接，成为一个有独立意识的个体。现代的高科技还能促进人们断开与自然力量的联系。但还跟环境融为一体的孩子很难保护和保持自己的内心世界，只能随着环境中来的印象而动。现代的大人只以感觉器官去接受，他们已经不会以整个身体和灵心去模仿、仿造和感受，他们所感觉到的已经影响不到心理和身体的形成。所以我们大人的感觉器官得到印象时，我们不必参与，能保持安静，而由于我们自己不用参与外界中发生的动作，已经能保持一个不受干扰的独立的内心世界，我们才能去认识。

　　只要小孩与现代的大人生活在一起，他很自然地就会经历这个过程，并达到我们现代人类具有的独立的自我。在人类还没有达到的、比自我更高级的阶段，小孩也不会自然达到，而只能经过接受和承担属于自己生命的某个任务、通过使命感的形成才能培养出来。

跟学生创作电视剧《三个世界》

能延续我们的活动的机会来了。我们这次就用《三个世界》的故事，以创作电视剧的方式来继续本来最失败的那部分活动。由于能借用摄像机的时间有限，我们这次就必须在两个星期之内完成。这种时间限制是一个对活动非常不利的前提。

这是我开始活动的第十五天：

我首先答应学生，"如果能拍好，我要给每个同学送一张我们自己电视剧的光盘"，然后我给他们讲我们要表演的故事。其实，一次性讲完是太长了，所以我只讲最基本的内容。

讲完后，我让学生在纸上写自己选的角色。我让他们在纸上选，是为了避免以前出现过的那种集体排斥个体的现象。很多女生选了"自由人"和"自大的人"。很多男生选了"魔力"。只有"技术的力量"没有被他们选。再后来，我跟他们说一些拍摄技术和电脑加工的事。"魔力"和"技术的力量"这两种角色必须在一块单色布前面拍，因为这样我们能在电脑里把这个颜色去掉，然后留下没有背景的人加到另一个背景中去，同时把他们变得比真人大或小，还可以把他们变得半透明。最后，我给学生唱了我为电视剧编的歌《勇敢的人是孤独的》。我把歌词发给他们，有的学生马上就把它扔掉了，有的过了几个月还把歌词挂在自己家的门上，天天去念。我从来没有给学生讲过歌词的意义，只是跟他们一起唱而已。

第十六天：

我们在3个小组内制造了"带有黄金的石头""礼拜象

征""发明者的机器"(道具)。在这种工作中,有一些学生总是不知道能做一些什么。他们什么都很难参与,但总需要行动来解闷。所以他们只能把做道具同学的材料拿走或者做其他不利的事。还有一些学生总要求我告诉他们该怎么做和帮他们做。但另一些学生完全投入到了自己的任务中去。他们安静又忙着实现自己的想法。好像安静的内心就能实现和建立他们的想法,吵吵嚷嚷的样子则不能实现。在平常按照惯例进行的课堂上,不同学生之间的这些区别不那么明显,但在他们要做一些不习惯的事的时候,区别就特别地明显。

今天,他们已经进入了一种非常兴奋着急的状态,他们好像等不了拍摄正式开始,想马上就拍。今天还有很多学生碰到摄像机,使得我哥哥无法拍摄并想放弃。但从第二天开始,这个问题就不存在了。最后,我再次给他们讲了第二天要演出的部分故事并让他们在纸上写出一些具体想怎样表达的建议。只不过,除了3个学生之外,他们都不愿意把建议交给我,也只有一个学生写了自己的建议。然后我们又唱了我们的歌。

第十七天:
部分学生特别想快点去表演。他们在中午还下着小雨的时候跟我们去清理下午要表演的地方。同时,他们还做了发现黄金的白日梦。图4-6(1)~(37)为电视剧《三个世界》剧照。

到了下午,我们先在教室内拍了必须在单色布前面拍的镜头。我哥哥发现,因为那块布不平,布上的光线不均匀,电脑里要做的加工很困难。但我们需要继续拍。每当我说好怎么表演并开始拍之后，学生就一直把同一个动作演下去，并没有进行下一个变化。这使我经常需要在正式拍镜头时又叫住他们，把镜头的声音和气氛给破坏了。但学生往往还是不反应，所以我们还需要重复地拍。占班里1/4的女生也还不敢加入到表演中去。

图4-6（1）

图4-6（2）

图4-6（3）

到了野外要拍摄的地方，部分学生总是不到位，突然还集体出去了。我问他们出了什么问题，他们才告诉我：人们经常扔死猪到那个地方去，有毒。这样我就需要放弃准备了几个星期的地方。我和我哥哥已经想了，今天要表演的部分就这样结束了。但幸好我

图4-6（4）

图4-6（5）

图4-6（6）

还想起了另一个地方，而学生也愿意换到那里去。只不过，找到的新地方当然没那么好看，而且我们花了很多时间把跑出去的学生叫回来。

不过后来，男生进入了气氛，自动地进入了角色。只是，表演有点乱，镜头又很难跟已经在单色布前拍的合在一起。这时，个别的学生做了很多可靠的又需要牺牲自己的工作来帮助大家，挽救了我们今天要做到的事。

虽然我今天大声说了很多，而且大家都很累，但还有比较多的男生在晚饭后到田里去跟四年级的学生比武。我们的表演工作让他们进入了气氛。拍完今天的部分后，我们已经没有时间回教室准备

图4-6（7）

图4-6（8）

图4-6（9）

图4-6（10）

第二天的内容或唱歌。这些事情我就拖到了晚自修，而且后面几天我们也都是在晚自修时准备第二天的内容和唱歌。每次唱歌时，学生都不想停止下来。他们欣赏了气氛。但最后，我还是要让他们做功课，完成复习的任务。

晚上，有不少学生来到我和我哥哥的房间。由于跟我们一起工作，他们就感到自己是跟我们一起的，有关系的。这种自己属于什么的感觉在没有搞活动的整个一年内都没有产生。

第十八天：

刚开始，学生又很难进入工作，总是在做一些别的事情。有的同学把泥土扔到河里。是不是我自己在早上做准备工作的悲观心情起到了作用?所以我只能对他们说:"如果你们不想做,我也没办法,活动就到这里结束。"因为部分泥土不小心就掉到我哥哥的摄像机上去了,我哥哥就离开了。这又让学生很担心和难过。在他们

图4-6(11)

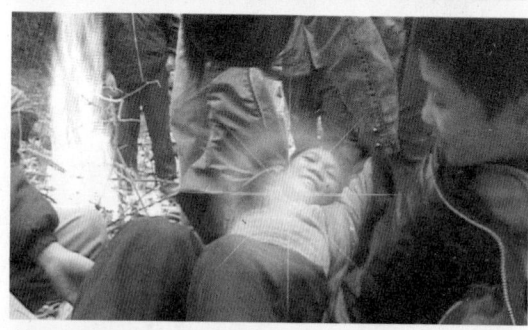

图4-6(12)

图4-6(13)

问我的时候，我说："是你们把土扔到他的身上。"然后学生就请他回来并开始想合作。

但在接下来的拍摄工作过程中，还是经常有不少的个别学生把正在使用的道具拿走来玩或者挡住摄像机。他们并不是想破坏我们大家的工作，而是意识不到自己正在做什么。由于意识不到自己正在做什么而产生的影响，我们经常需要多次重复拍一个镜头，而越重复，我越需要鼓励他们再来做。

我们的第一个牺牲者是由一个女生来演的。大家在集体围绕她的时候就跟剧本一样真的烘托起来了一种排斥个体、好玩的气氛，所以他们很自然就扔石头去欺负中间的牺牲者。我不断需要恢复她的面子，让她坚持下去。在这样被围绕的情况下，她根本不敢表演，就站在那里。但由于男生说"她打我"，而我说"为了能做到那么难的角色，她必须打你"，她就进入了合适的气氛状态，而整个班也跟着她进入了合适的气氛状态。接下来要表演的过程好像自动就发生了，使大家都很喜欢表演的过程。只有我哥哥差一点就无法跟上这么快的速度，他都来不及考虑拍摄角度等事情。最后，我们用水彩、针和管子让第二个牺牲者流血。这种技术完全恢复了大家对我们电视剧的兴趣。

到了晚自修，我对学生说："我总是要叫你们又这样又那样，对待你们不太好，对不起。但我要感谢个别的勇敢做事的同学。"今晚学生很喜欢又安静地听我讲的话。晚自修后，部分学生还自愿来到我们的房间拍发明者的几个镜头。

学生进入的主要是自己的情绪，他们都从这点来行动。对于

图4-6（14）

图4-6（15）

自己情绪的感受也挡住了对于集体需要的感觉。结果，我们就没有了合作所需要的一种共同的基础。所以每天在开始之前我都非常紧张，不知道能否做到今天要做到的。我每次都计划在出发前跟学生唱我们电视剧的歌来调节集体气氛，可是因为我一直担心跟学生的合作，所以在做的过程中很着急，没有安下心来。关键时，我都忘了唱。结果，每次开始，学生都没有进入集体合作的气氛，让我更着急。

第十九天：

今天下雨了，所以我们只用了一节课专门在单色的布前拍"技术的力量"。有时我给他们示范怎么表演某一种角色，给他们看某种动作，这时要做一些他们很难做到的动作就变成了挑战。不过，表现任何角色的情绪，那是我和他们都做不到的。所以，我让学生通过动作把所有的情绪表达出来，让动作代替表情。

总有学生因为投入就无意识地挡住摄像机。提醒他们后，再过一分钟，他们又忘了，又是无意识地挡住摄像机。这样，同学们经常需要重复地演同样一部分，常常要表演3~8次才行。单独来看，每个学生的态度都是很好理解的，很自然的，可是在团体中往往会影响大家。因为拍电视剧需要很多人的互相配合，所以它就能训练学生为大家的意识，让学生意识到自己的行为如何影响到大家团体的工作。

因为星期五最后一节课平时不上，所以他们没有了耐心，心里着急地想回家。在这样的心理状态下，他们都已经无法记起马上要说出的两句话，使我们需要把整个对话以一句一句的小块拍下来。同时，我不断地需要找新的能代替刚跑回家去的演员。在拍最后几个镜头时只留下了一个学生，而这个学生单独一个人就做了很好的工作。要在外面拍的，我们就拖到下个星期了。

第二十天：

星期一又下雨了，使得我们又不能继续拍。学生着急地误会了他们语文老师的话。他们告诉我，语文老师说：不能因为下雨就把活动拖到第三个星期，必须在两个星期内完成活动。

星期二，我不容易同时使用全班的学生。容易捣乱的几个学生就先逃跑了（这样就不影响我们的工作）。但学生无意识中做出的事情，比如拿摄像机平衡架的一个零件来玩，使我哥哥无法使用平衡架。让大家在同一个地方和时间表演不同的角色，让它成为一个艺术的整体，这是非常难达到的。结果，需要重复表演的同学就把以无意识的动作破坏镜头的学生打了一顿，让他们发挥意识。

虽然有很多学生很想成功地完成今天要拍的镜头，但也有越来越多的学生感到自己做不到，就从现场分了出来去休息。开始搞活动之前，这些学生非常希望整个电视剧都是比武的。但今天终于需要演战斗的时候，已经很难找到愿意比武的学生。在演这个故事的经历下，他们已经不想演战斗了。

单独来看，学生表演得很好，但由于我们需要把各种不同的表

图4-6（16）

图4-6（17）

图4-6(18)

图4-6(19)

演因素互相协调才能把它们合成一个故事,很多的事情就变成了不可能的。同时发生的事情就是太多。我总是需要鼓励,需要跑来跑去。否则的话,着急等不了的学生很快就分散了。如果学生觉得时间太长,与电视剧无关的事情就产生了。我的工作就是以尽可能快的速度让我们完成任务。只有把安排工作的速度提高,我才能预防学生分散的问题。这样的工作,都让我过于"烧"起来。

如果学生能学会内心的安静,他们就能让很多的好事情形成,但现在他们内心着急,却是排斥和破坏了自己所做的事情,而内心的安宁会给他们力量。内心的安宁,这是他们除了不动和意识还需要学习的一种状态。

晚自修的时候,要准备第二天表演的内容,我请学生自愿到我们房间来做武器(道具)。自愿来的学生很多,而他们合作得特别地安静又和平的样子,也给没有来的同学们做了道具。

第二十一天:

今天我们需要全班集体合作,不需要行动,只要坐或者躺在一个位置。今天太阳也第一次出来了。在我们需要使用电线时,平常以牺牲的态度帮我们做到一切的那些同学就开始用电线玩拔河。有的学生因为进入了气氛,就把我们还想继续用的塑料薄膜弄成很多小块。今天我觉得好像学生是聋的,在我把大家安排在一起的时

图4-6(20)

图4-6(21)

意识的发展　　165

图4-6（22）

图4-6（23）

候，学生虽然还能听见我说话，但因为谁都不敢当第一个做出反应的人，因为没有勇气在同学面前做到别人没做到的，就没有谁来反应。在其他的时候，不管我重复大声对大家说，还是抓住个别学生的身体说，他们在阳光的影响下好像已经感觉不到外界，也意识不到自己，就像我们今天要演出的故事里那样。只可惜，拍摄需要大家的协调。到最后，只有平常（阴天）不太参与表演的学生实现了这样的协调工作。

　　不管怎么样，我都尝试保持幽默和快乐。在我发现一群学生偷懒、躺着把自己隐藏在单色的布后边时，我对他们说："现在我正好需要你们这种只能躺着，什么都不想做的人，只不过是在这块布

图4-6(24)

图4-6(25)

图4-6(26)

的另一面。"然后他们就搬过来了,并演了那些通过受屏幕刺激而瘫痪的人。只是后来拍对话的时候,我们拍一句需要重复7次,因为女生们已经离开了自己,意识已经不在自己这里了。

我觉得,今天的表演就好像一次战斗一样。学生还能欣赏这样

图4-6（27）

图4-6（28）

图4-6（29）

的活动吗？在晚自修问他们的时候我就知道：当然喜欢，当然很欣赏。毕竟他们都没注意到我总是把他们叫来叫去的话。今天晚上，学生唱得又平安又喜欢的样子，都不想停止。他们也很愿意接受明天要让他们分成两班，分开来拍故事的两部分内容，让另一半学生在教室做作业。

今天我虽然没有叫学生到我们房间继续做道具,但在晚自修前有很多学生自己就来了,继续做第二天需要的武器,并把道具都存放在我们的房间里。

我们都是在野外拍摄,而野外的自然环境就是把人有意识的思考通过四肢吸收出去,使得学生不断地行动,无法保持有意识的状态。所以在我请他们班主任来参加的那3次也没有什么不一样。他们已经与自然的力量融为一体了,他们的感觉怎么还能有意识呢?行动就是与意识对立的一种状态。在野外要求大家为了我们的工作

图4-6(30)

图4-6(31)

把意识集中起来是根本不可能的。

第二十二天：

今天让他们班分两组来表演（一组是"自由人"，另一组是"屏幕中的想象"），效果很好。拍摄"自由人"和"自大的人"的对话时，虽然分成小段让不同的同学说，但还是比较难。不过，他们工作得很有耐心。演出屏幕中的动作对他们来说容易得多，什么行动他们都演得很快。只有一个问题越来越严重：不管我多么强调"明天还继续用"，每次拍完一天的内容，道具就都被学生撕碎掉了。屏幕的画面也被他们用坏了。学生以为我可以每天买新的材

图4-6（32）

图4-6（33）

料,让他们每天重新做新的道具。但也有部分学生热情地帮我把被同学破坏掉的道具捡起来,修理还可以修的道具。

为了不要影响其他功课的任务,我从今天开始只用了晚自修后的时间来准备下一天的表演内容。这样做的结果容易想象:在准备的过程中,学生都分散了,到了唱歌时都已经不在。

第二十三天:

有时学生因为勇气不够,就跟着集体而行动,他们很难承受个人单独的角色。比如在部分人("自由人")要走,其他人要留下的时候,全部的学生都留下了,或者全部的学生都跟着走了。

图4-6(34)

图4-6(35)

今天刚好没有角色，但无意识地走进镜头的人特别多，包括我在内。总是需要重拍。本来我安排让大部分学生（"瘫痪的人们"）一直都不动地躺在地上。虽然他们也说"今天太热，好累"，但与他们说的话有矛盾的做法是：在拍完每一个镜头后，他们都站起来跑了。结果，我每次都需要重新安排他们回来并像刚才那样躺在地上，每次浪费了好几分钟的时间。

这种本来多余的工作也考验了我们的耐心。又到了星期五的下午，学生又想回家。为了能够在学生走光之前拍完，我就以我教训的声音把整个工作气氛破坏掉了。在今天这样的气氛下，我们又是互相感觉（意识）不到的，变得越来越麻木的样子，包括我和我哥哥的交流在内。在我和我哥哥互相都已经感觉不到的时候，学生怎么还能合作？本来我们的故事最需要的不是一种崇敬的气氛吗？个别的学生已经开始问："让我们拍这个电视剧有什么用？"也不奇怪——昨天晚上我没有机会好好地给他们说今天的内容。

在表演把瘫痪的人扶起来的这个镜头中，部分学生很努力，但另一部分同时参与到镜头所以同样决定了拍摄效果的学生把扶起来并笑着倒下去的过程表演得像打架或者把人扔出去一样。

通过不断去安排工作来解决问题，这是不是可行？这更像是把自己和别人变得发疯的样子。这其实解决不了什么。我想，唯一的办法是：创造一种合适的、大家都能参与的气氛，使每一个学生都能很自然地从产生的感受来进行表演。这种气氛也才能把大家团结起来。我发现，最要紧的工作我都还没有学会。为了这个，我需要成为一个艺术家，通过自己的行为和拍戏的整个过程来表现艺术。我真后悔只因为时间关系就没有在每次出发前跟学生唱歌。其实，通过唱歌产生的气氛才能代替很多做不到的工作安排，才能帮我们节约很多时间。

在第二个星期整个活动结束之后，我问了学生，才知道：他们觉得最难受的一天就是今天，难受是因为部分同学已经在回家的路上，让留下的同学感到无力。

今天我第一次看了我们拍出的镜头。从内心的角度来看，我觉得，拍出的镜头根本没有包括我们和学生之间所发生的过程。这个没有让我们去感觉的、各种各样行动太多的活动暂停到星期一。我心里升起一种对于拍摄工作非常不满意的感觉。我感觉到失败。我无法给他们带来气氛，我只有单独一个人进入这种被动强烈感觉的能力，无法带学生进来。

我们的表演作品失败，但通过我们困难的合作，在我和学生之间发生了很多让人成长的事情。而为了我们共同的目标，在我们之间所发生的事情已经接触到了我和学生最内在的心。其实，这样的接触，学生的命运与老师的命运这样互相的影响，是唯一能改变人的事情。这又安慰了我。

第二十四天：

今天我没有忘记先唱我们的歌，而在去拍摄的路上，部分学生还继续唱着。这终于帮助我们进入了合作气氛。首先我们补拍上个星期没拍成的、把瘫痪的人扶起来又笑着倒下去的镜头。虽然今天也有不少学生不断跑掉，我也经常需要把黑布从别人的手里拿来还给"眼盲的自由人"，但后来他们又很想继续拍，不想结束。只是当时太累，还剩下最后两个需要大家来参与的镜头时，我们又一次

图4-6（36）

图4-6（37）

图4-6　电视剧《三个世界》剧照

进入到不知道整个电视剧能不能完成的状态。我就让学生意识到这一点，让他们拿最后的一点力气去演最后一场战斗，完成我们不容易完成的事情。在过去和将来，他们都想拍比武的录像，但是到了终于要拍的时候，他们已经不想了。所以我们只拍了一个"台风围绕自由人"的镜头。然后，学生特别地欣赏了"被解放"的镜头。

在一切的表演已经结束的时候，我给学生讲我感受到的、大家在刚结束的活动中一起克服的困难。然后我们再次唱了我们的歌。根据我问学生而得来的答案，今天是最美、最喜欢的一天。

在活动开始之前，学生都无法想象得到：拍电视剧会是那么辛苦的工作。见图4-7、图4-8。每当部分人不协调时，另一部分人就非常难坚持，他们就容易生气或想退出。学生还不习惯集中合作所需要的那么大的注意力。到拍完为止，学生一直都还没有看到自己工作的成果，没看到自己演的录像。所以，在拍摄过程中，学生无法想到自己能拍出一部有价值的片子，也想不到自己能创造真正的文化。

回了自己的家，学生就给其他班的同学说，"我们拍得很好"。只有我和哥哥才不满意。学生对自己的愿望和要求没有我和哥哥的高。唯一安慰我们的是，我们跟学生共同克服困难的经历给学生带来了一种新的意识，就是自己的行为如何影响整个形成过程的意识；而且，只有通过共同的克服、只有通过允许与学生的经历影响到我的命运，学生才可能有心里的成长。这是因为实际上不存在有问题的小孩，问题仅仅是，我对某个小孩的期待不适合他，我的期待让我看不到他的命运。如果能有兴趣地观察他，我就能发现：他只能这样，是因为我那样。这样，我就能通过他来发现我对他的影响。这种发现会改变我，而我的改变就会引起他的改变。

这段时间，学生经历到的是："我们虽然没有找到足够的推动自己的力量，但是完成的这件事情是我们自己很想做到的。"

经过共同克服困难的工作，他们班团结起来了。活动成为了属于他们自己的，别人不会有的事情。他们虽然集中不了所需要的那么大的注意力，但他们也非常高兴能成为这个工作的一部分。在活动前不容易参与到班级团体的，但工作最认真的学生也进入了班级的团体。因为他们在表演过程中以他们可靠的心承担了主要角色和

意识的发展　175

图4-7　学生在准备电视剧的表演，道具的安排每次都会造成一些混乱

图4-8　拍电视剧的时候，学生很难理解剪辑技术需要的背景

工作，他们在班里的位置就被强化了。反而，本来影响和决定班里生活，但承担不了工作的同学对班里的生活已经不起作用了。在活动过了两个星期后，如果其他班的学生以自己的行为不尊重我，活动班的学生就开始修正他们。

其实，真正的变化是在他们长大、在他们认识到电视剧的内容之后才能发生的。到长大以后，到能理解小时候所演的电视剧时，也许他们突然会明白整个人的发展过程，而在那个时候，我们就能告诉他们"魔法世界"也是你的童年，"技术世界"也是你的青春期，而"自由（解放）世界"也应该是你的成人状态。

学生首先做的是行动，把电视剧拍出来。他们并不理解自己演的内容是什么，也不需要理解。到了他们长大的时候，他们自然会理解。到那个时候，因为他们的理解是从自己的行为产生的，所以这样的理解就会具有很大的力量，去改变生活的力量。从自己的行为而产生的理解是具有行动力的，而如果是从小时候的行为产生了长大以后的理解，就更是这样。所以，他们在拍摄的时候不必去理解所演出的故事，只要同情它就行。

我哥哥用了4个星期的时间来剪辑加工我们的电视剧，慢慢地把它变成一个艺术品。他给我们寄了三次VCD，而第三次终于被邮局送到了我们的信箱。活动已经过了两个多月，我才能把VCD送给学生，每人一张，而他们把自己的电视剧带到了12个屯。学生在看的时候好像吸收得比整个活动过程中更多。很多细节的镜头，他们都骄傲地问我是否我也看到了，并觉得片子怎么变成了那么短的。但重复看得越多，他们越喜欢看，特别是"解放世界"的部分。

大家终于看到了自己的作品之后，有学生找我说："好可惜，当时我们没有认真合作，因为我们没有相信自己能做出什么东西。现在我们后悔。我们能不能再拍一次，把它拍得更好？"过了8个月后，学生还给别人说，他们从活动中学到了勇敢和生活的乐趣。这也许是给学生带来力量的一个基础。

如果我们还有重来的机会，我就想先拍完一个"世界"，看到了拍出来并剪辑好的结果之后才拍第二个"世界"。这样得出的每个活动阶段就能基于上次的成果。我也想修改故事，让我们更多意识到三个世界原来就内含的重要任务和需要，淡化不好的行为。这样，为完成人类发展的可能的故事情节，自然就能让学生感受到悲剧。另外，要少用逻辑的关系，多让故事直接地从不同的情感来形成。这样做是更有力量的。

　　这次的创作还不是从学生自己的感受发挥出来的，学生的心还没有接受要表达的故事，故事还没有变成他们自己的。这样来做还不是用个人的内在感受来建立集体的外在行为，这样来做，集体的创作还无法给他们带来更大的力量。所以在下一次，我一定要用一个学期的时间跟学生做好准备，让他们通过其他的艺术创作方式接受故事的精神，把它作为自己心里的东西，然后通过集体的活动把它拍成电视剧。

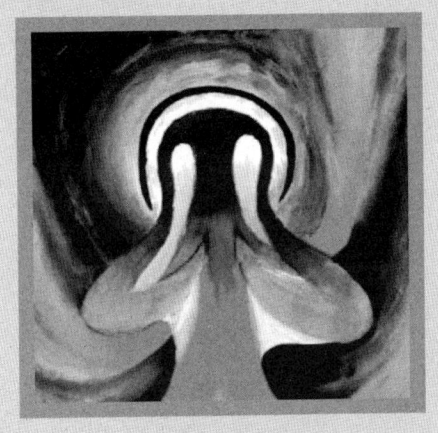

意志与意识

为什么家长那么害怕自己的小孩比别的小孩笨？笨一点有什么可怕？难道学不会控制好四肢不可怕吗？如果将来有一天，孩子不是先学会走路，后说话，再思考，而是先开始思考，后边他还能学会走路吗？

智力与意志

现代流行的教育只承认智力，只承认不能行动只能反映的头脑。而实际上，很多我们以为是属于头脑的才能不是通过头脑中的知识和思考能教育出来的。

其实，很多事情不可能是通过学生的意识和智力来培养的。比如身体上的、影响学习和环境的很多动作，都是无意识做出来的。即使让小孩知道，他还是无法改变。不过，如果直接让小孩做到某些他并不需要理解的动作、通过让他行动来接受教育，他的这些动作在自己身体内就会形成一些感觉，甚至在他已经忘记学习时，这种感觉仍会存在和起作用。这种感觉的存在，很自动地就会影响到学生无意识做出的动作。

人的意志是类似睡眠的一种状态，人进行的动作，包括新陈代谢的过程，都是在无意识中发生的，所以，我们也不能通过有意识的手段去培养它。如果一个人总是要求先理解，然后才做，在他能想出一个不去做的借口时，他就没有了做下去的意志。通过不理解的动作培养的意志，才能让一个人在所有条件下都做下去。第一次做肯定最难，可学生做得越多，这件事就变得越容易。这是因为通过做就培养了意志。无意识的学习能进入感觉，能成为自然的本能或才能。有意识的学习过后会忘掉，所以它只会帮助学生去认识学过的和没有学过的事情和道理。

学生的自我意识是在14岁左右才自由独立出现的。那时，学生才能够控制自己的意志力。14岁之前，小孩的自我意识还不是自由独立的，还不是思维能控制的，所以他们需要大人的自我来代替自己的，就是说，学生要根据老师的认识和权威去做事。而让学生根据权威行动，就是培养意志的手段。这样做的话，学生到了14岁出现个人独立的自我意识时，他就可以自由地去抓住和控制自己的意志力。在这之前，我们应当帮助他培养以后要自由控制的意志力。

到了长大的时候，每一个人都要自己决定自己该做的事情，可是许多成年人并没有力量去做自己所决定的事。他们没有学会让自己的行为为了某一种意愿服务，所以他们的身体也遵守不了、做不到自己的自我意识想让它做的。这是因为在小的时候，他们的意志没有受到培养。他们的父母经常让他们自己做选择，而因为他们当时还没有自己独立的思考能力，只能根据自己的情绪做决定。这样就养成了对于情绪的依赖。到了成年时，他虽然已经有了自我的意识，可是并没有服从自我的意志力。

如果让小孩相信权威来做一些自己还不理解的事情，他们以后在成为成年人时不仅能自由地决定自己的事，同时也有了足够的意志力去引导和控制自己，并坚持和做到自己所决定的事。他们就是通过遵守权威学会了让自己的身体为某事情服务，以后也能服从自己自我意识的意愿。

如果在小时候自由，他们成为成年人时就不自由，无法去控制自己所做的事情。如果在小时候不自由，他们成年时就有了足够的能控制自己和让自己自由做事情的力量。学生的意志能力是老师先要控制和培养的，可是他们以后要独立出现的自我意识，却是我们永远不要控制的。

这里所说的权威当然不是通过压力（威压）达到的，而是通过互相的信任、信赖和共同工作达到的。这个权威也不是因为有某种标准就可以无所用心地拿来用的，而是一种让学生感觉到属于自己的有个性的威信。为了让学生信任老师的权威，老师不能只为了应付上级要求来实践他的课程，而要根据自己的观察和良心去创造。为了能当学生的权威，老师还要把自己的生命交给自己的学生。只有老师允许学生的事情影响到老师的命运，学生的心才会接受。

在农村的未来，权威就成了一个大问题。因为父母去城市打工，小孩从4岁就开始住离家很远的学校，跟同学们自立安排自己的生活（没有生活老师）。他们基本上都是小孩跟小孩在一起，没有大人当权威。这样的小孩，特别是学前班，在晚上的时候，就自发地出现一种没有自我意识引导的集体疯狂的力量。到那个时候往往只存在了本能和欲望无控制的势力。

城市的小孩年龄那么小，就已经那么聪明，比我能想象的聪明得多。他们根本不像小孩，更像是小大人。虽然他们的头脑那么发达，可是四肢远远比不上农村小孩的。小时候我是一个一直生活在做梦状态中的小孩。假如当时就强迫我接受大人定义的智力的思维方式，我肯定会失去所有属于自己的梦并接受一种不属于自己的思维。但是所有梦中的生活都会在某一天自己就醒过来，我的情况也是如此。只有这样自己醒过来的思维才是属于我自己的，具有个人特点。所以，我非常感谢我的父母耐心地等我。我还敢说：一个小孩的智力沉睡得越久，他的意志就越强，因为意志需要睡眠着做事的时间，才能发展。而如果有一天意识醒过来了,这个意识就能利用已经形成的意志。图5-1和图5-2为雪灾时学生的家。

图5-1 雪灾的时候,学生在家里烤火

图5-2 雪灾的时候学生的家,景色很美

为什么家长那么害怕自己的小孩比别的小孩笨？笨有什么可怕？难道学不会控制四肢不可怕吗？如果将来有一天，孩子不是先学会走路、后说话、再思考，而是先开始思考，后边他还能学会走路吗？家长通过过早地开发小孩的智力而造成的后果才是可怕的。

14岁之前的智力还是属于环境的，它"睡"在环境中，还不是个人独立的。如果我们在14岁之前开发小孩的智力，这样培养出来的智力只能是老师（环境）给的，而不是小孩自己独立的，而且在小孩长大以后，他的智力仍然还是老师当时给的、当时所能接受的思维方式。本来给个人独立的自我意识而留下的空间已经被占满了。可如果我们在14岁之前不去填满这个空间，到14岁时，个人的自我意识就能进入。这样来做，人的思想才是自由的。

那么，如果在7岁之前开发小孩的智力，后果就更可怕。7岁之后在小孩的身上表现出来的思考、情感和意志的灵心工作（力量和才能）在7岁之前还是隐藏在身体里的。在7岁开始外显之前，这个力量有其他的在物质人体里的任务，就是帮助塑造和形成身体器官具体的结构，特别是塑造头脑的神经结构。这也就是构造生命的力量把遗传的身体改造成个人的身体这种工作。这时，塑造器官结构的灵心力量还是一种无意识的"智慧"（精神），而这种塑造身体的"智慧"，是通过四肢的活动来接受的。

让学生模仿着动手做某些事情不仅能培养他们的行为、身体的协调能力和意志，也能培养他们的思考习惯。甚至可以说，如果一个小孩没有让自己身体动的机会，他的头脑就没有发展的机会，因为通过身体的活动，构造生命的力量才能进行它的工作。

7岁之前的小孩为了支持无意识的"智慧"来塑造他的身体，所需要的是四肢符合规律的活动，使他能以这些动作接受塑造身体器官的精神。当然，不是任何一种无道理的动作都能塑造有道理的器官结构。通过包含有规律（道理）的动作，头脑才能形成有规律的结构，而形成的结构又定下了我们的思维习惯。这又不是说，我们只让小孩做有用的事情，而是说让他做内含精神意义的事情。其实，美的事情也一样有道理。艺术也包含了精神的道理。不是根据孩子知道的道理去做，而是在做的过程中接受道理。

太早发挥的智力工作会阻断灵心在人体内要做的、形成物质器官结构的塑造工作。后果是身体的器官没有完成，而被培养出来的智力与没有形成完，所以有缺陷的身体器官是联系不起来的，使得身体无法接受和做到在智力上所想的事。

小学生四肢的活动已经完全是醒过来的，他们发挥动作是很活跃的，只不过他们的动作习惯非常不完善。小孩的头从物质方面来说很完善，但它还没有醒过来。也可以说，小孩完全投入到他的环境中去，他的内心世界还不会是独立封闭的，因为小孩的精神还在环境中，而环境中的精神不可能有意识。只有小孩的精神被转到自己封闭的头里并被反射的话，它才能达到有意识的状态，才能醒过来。而把精神从环境接到自己头里的渠道就是通过四肢内含道理（精神）的动作。

四肢本来就已经是属于外界的，包括精神的外界，四肢根据自然情况本来就已经具有了活跃的精神。所以小孩才这么需要活动在环境中，而且我们也很容易、很直接地就能教育和完善他们的动作习惯。然后，为了唤醒存在于头部的精神，达到意识，为了把睡眠在环境中的精神慢慢地吸引到身体的头部来，小学生需要用身体去做一些有结果的事情、对环境有意义的事情或者创作。

通过情感起作用的教育也会帮助到精神唤醒的过程。

智力（精神）是不可直接去给予或教育的。但为了让精神和灵心自己去发挥，我们能做的，只是培养一个健康的身体，不让有缺陷的身体成为精神的限制和阻碍力。比如史代纳认为肝是意志的物质基础，所以肝炎患者在灵心上的意志是无法发挥出来的。实际上只有健康的身体为精神服务，精神才能使用身体去做它认识到是有必要做的事。

通过重复的动作和根据这个动作的思考，物质的神经连接慢慢地稳定下来，使小孩的动作习惯和思考习惯都形成了。以后有逻辑的思考都是在此基础上发展的。如果让学生做一些活动过程并没有包含精神（道理）的动作，他们未来的思考习惯也会是没有根据的。

所以，7岁或9岁之前，我们只要给小孩一个合适的、他能模仿的环境，还不需要他去理解什么。那么，为什么很多父母做不到这样呢？因为他们太着急，不能耐心等候孩子天性的形成过程，而是马上要看到出来的效果。这样，他们就把天性的发展规律给搞乱了。

怎样引导行为

小孩在想象中得到的满足还不能给他们一种真实感。能带来真实感的，是身体在环境中的体验和感受。小孩喜欢用身体去接触各种各样他们感兴趣的东西，而且如果这样的接触能影响到自己的身体，这就更能满足对真实感的追求。

如果我们的行为要对世界的发展有利，我们首先需要能感觉到这个世界的需要是什么。那么，怎样才能让感觉多关注世界的需要呢？显然，注重成绩的学习让学生过分关注自己，所以这样的学习不能让学生感觉和关注到他们身边世界的需要。这样的学生在毕业后无法给自己找一个适合世界发展又适合自己能力的任务。他们只能乱想象或者依靠别人的计划。可是，怎么知道别人的计划是不是社会的、创新的或者科学的？当然也有一些人说，社会中需要的本事就是说服别人，让他们送钱或者借钱。可是靠这样的本事不能帮助国家发展，因为这种做法不会创造新的东西，只会让已经存在的东西更换主人。

我们的行为是跟感觉方向相左的一种过程。通过感觉我们能够接受环境（被动、改变自己），让环境进入我们的内心世界并让环境的事情继续在我们的内心中发生，而通过行动，我们能让环境接受我们自己的想法（改变它）。教育小孩时，我们正是需要让这种双方的交流得到平衡。

说到行为，也要说到意志，因为意志必然也形成行为。没有在行动上体现出的仅仅是想象，不是意志。意志不是头脑发挥出来的，而是在肌肉的动作中发挥出来的，也是在外界做的事情中体现的。

　　因为意志是在动作中发挥的，不是在头脑里发挥的，神经也不能决定肌肉，只能感觉到肌肉中的行动。反过来，我们往往在头脑中思考了一件很有道理的、根据道理该做的事情，可是我们并不进行根据这个思考的行动。智力告诉我们需要行动，可是肌肉就是不行动或者进行的是另外一种与思考认识无关的行动，好像是自动的。这就是因为意志在肌肉中起作用，而不是在头脑中起作用。

　　我们大部分的行为，头脑并不清楚，都是在四肢无意识地进行的。比如说，走路的动作、新陈代谢、嘴的咀嚼动作和不停地呼吸。这都是我们在睡眠状态中能做的。这些动作是通过长期的重复、通过习惯培养出来的，而做出这些动作的意志也是这样培养出来的。这种无意识的动作在头脑不清醒时也同样能做到。只是在要改变（调整）已经习惯的某种行为时，我们还是需要去感觉并发挥意识。

　　如果我们完全行动起来，我们就免不了失去意识。身体的劳动都有排斥意识的作用。如果我们在行动的过程中发挥太多的意识，行动过程就会被停止下来，起码受到阻碍。意志是睡眠的，所以它不可能在思考中发生。它是一种创造过程、一种形成过程，所以它只能是属于未来的，而尚未形成的东西只能睡眠着存在。不过，这样无意识的意志到底被什么而引导呢？

　　我们行为（意志）的根据有很多种。7岁以下小孩的意志很强，他们直接从感觉或者欲望来反应，直接从知觉来发挥意志。比如他们看到什么，就想要什么。如果得不到，就会感到很痛苦、可怜自己并哭起来。他们还不能思考"其实我不一定需要这个东西",而只能感觉自己得不到是多么的痛苦。他们还没有建设好把感觉和意志断开的思考结构,他们的自我意识还不能起作用。所以,小孩的反应不能受到自我思考的调整。虽然意志本身不是在思考中发生的,不过大人的意志能接受自我思考的引导和控制。但7岁以下小孩的做法还是直接被感觉和欲望控制着,小孩必须反应,他们的行为还不自由。

7岁以下的小孩是因为感觉和行为(意志)还没有被思考而分开。可是很多青少年和成年人也免不了直接行动来做一些以后会后悔的事情。他们已经出现了自我的意识,他们能够从感觉经过有意识的思考才发挥意志,为什么也会做这些呢?因为意志本身是睡眠的,它只能根据什么来发挥,比如根据某种刺激或欲望。这些人的意志就用一些没有意识的、比自我低级的根据来代替自我有意识的控制。

可见,在行动中发挥的意志要受到不同因素的控制。最低一级的影响因素是身体的需要。受身体需要而控制的意志是本能,只是为了生存。高一级能引导意志的因素是情绪。比较高级、理想的情况是,一个人用他自由有意识的思考能力(自我)来作为意志的根据。这样的话,他的意志就是动机。下面就介绍被不同范畴控制的意志(这里用的词不表达平常生活中的意思,而是表达精神科学中的意思):

被物质的身体控制的意志: 本能
被构造生命的力量(身体)控制的意志: 冲动

被心理动力（身体或感受的灵心）控制的意志：	欲望
被自我（智力的灵心）控制的意志：	动机
被意识的灵心或精神（改造过的心理动力）控制的意志：	愿望
被精神(改造过的构造生命的力量)控制的意志：	主意
被精神(改造过的人体)控制的意志：	决定

  引导我们意志的因素往往是属于身体的。这样的话，我们能发挥的行为就不是自由选择的。如果一个人想真正自由地决定自己的行为，他起码要用自我来控制自己的意志，因为自我才是有意识的。比自我低级的因素都是无意识的，所以被它们控制的意志也不可能是自由决定的。我们越能让灵心的意志来参与精神而不是参与身体，人的行为就越高级。如果灵心的意志主要满足于物质的感觉器官带来的刺激，我们的思考能力就只是为了更有效地去满足这方面的欲望而用的。

  那么，怎样才能让学生的意志多接受高级范畴的控制呢？小孩都很高兴感受自己身体的活动。我们就可以给这种对行动的渴望带来某一种精神的引导，让他通过身体来表达真理的东西，也就是说可以做艺术创作。不管是表演还是让学生制造自己的作品，如果是从自己对某精神的感受发挥出来的，这就能帮助他们的行动（意志）接受精神（真理）的引导。当然，如果不仅让他们从感受，也从对于真理的认识来行动，那就更高级了，只不过有一个问题：

  14岁以下小孩的精神还没有完全进入他的身体，还没有独立出现，他没有一个能有意识地认识到自己行为的范围，而只能从环境(包括身边的大人)的感觉来发挥。小孩连情感也还没有独立出现,所以他要依靠大人在他身边传递的自我和情感。如果大人不让小孩参与他们的情感,小孩为了得到它就会闹腾。如果大人担心小孩,比如怕他会哭,小孩感觉到大人产生的这种担心,使他真的会哭起来。如果在他身边的大人传递一种放心的情感和思维,小孩也会放心地去玩。这就是因为大人的情感和自我意识需要代替小孩自己还没有独立发挥出来的情感和自我意识。

意志的培养也就是靠这样的道理。小孩的意志只能通过老师对他的决定和控制得到培养,那就是通过任务。小孩要听从权威的话,就是为了培养他的意志。大人有自己的自我意识来控制自己的意志,可是小孩还没有,他的意志需要从大人的(自我)意识来受到控制。只不过,大人的控制一定要有精神上的根据。意志的培养就是通过身体重复的练习,通过身体每天同样的行动来培养的。完善意志就是让身体学习,让它成为一个好的基础,一个实现某种精神的基础。图5-3为小孩在家里参加劳动。

图5-3 学生在家里劳动、玩耍,劳动也是一个去玩耍的机会

意志是通过权威去培养的，但思考的培养不同。思考不能是通过权威去培养的，因为思考要反映（反射）精神的真理，而为了能让小孩正确地反映，我们需要让他自己自由地去发现真理。从14岁起，孩子的思考已经独立了，他们就能用自己的思维来控制自己的行为，也能从自己对真理的认识和感受来设计自己的（艺术）作品或表演。

如果一个意志受过这种训练的大人用自我意识来控制自己的意志，只要他发现自己的行为是错的，他就随时都能停止这种行为（包括吸毒等）。在发现世界上有必要做什么事情的时候，他也随时能进行这方面的行动。如果有比自我意识更高级的因素来控制一个人的意志，他就不仅能随时改变自己的行为，他还一定会根据世界的需要去改变自己的行为。

世界上还有一些现代人不可能知道的需要。这些事情也不可能由某个人来计划，因为这种事情的发生不基于人平常思考的逻辑。这种超出普通思考的事情往往是这样发生的：一个人以为要做什么事，只是最后失败了。不过他的失败引起了自己或者别人的新想法，使他的失败变成了新事物的萌芽。例如，一个人通过承受别人犯错误的后果就引起了和平，如果我不承受自己的命运，而尝试故意去改变它，强迫它要成功，比思考（自我意识）能力更高级的精神就无法引起或决定我的行为。

虽然这些范畴在现代人中还没有独立出现，可是如果一个人允许一些自己没有计划，也不能理解有什么用途的事情由自己而发生，他就可以对自己说："我不管别人怎么对待我，也不管在我心里被引起的、可能难受或者吃亏的感受，我就接受着，因为我知道别人要完成我的命运,使得我才能做该做的事。"这就是让有需要的事情发生,是承受,而不是强迫。我虽然不知道目的,可是发生的过程是完全有意识的。如果不是,如果是一种情感不清楚的过程,那就有问题。一定要小心,不要让个人幻想的目标来代替世界发展的需要。如果没有感到自己的命运成为了自己熟悉的"家",那就是让意志(行为)受到比自我意识更低级范畴的控制。

教育也是这样做出来的。我能对学生说的话改变不了他们的情感、主动性等。能改变他们身体的是我的构造生命的力量(生命力、构造身体的生命循环)、改变他们构造生命的力量的是我的情感(心理动力)、改变他们情感的是我的自我意识。如果我想改变他们的自我,我只能靠着比我的自我更高的精神因素。这种精神因素现在还没有独立出现,所以不能用自己的目的去安排。如果我在学生面前、在他们的生活环境中做到自己符合道德的项目,通过我的实践,就能让我构造生命的力量、情感、自我意识等对学生起到作用。

不过,怎样能锻炼这些因素呢?比如情感(心理动力)的锻炼:如果我深深地感受到这里人的状态,不管我多么反感这里人的酒文化和说服别人的特点,也不管我对一些小孩特别的好感,只是好奇地研究和感受,由于在情感上的理解我就能消灭我所有的好感和反感,使我的情感得到锻炼,而且我锻炼自己这个过程本身就直接起到了教育学生的作用。如果看见学生就产生好感或者反感,我就无法以我的心理动力去培养他们构造生命的力量。

创作会带来什么

为什么我那么喜欢跟学生从事创作呢？因为从事创作的人永远都不会闷，而在青年时代,闷又是引起各种不良行为的主要原因。

为了不让孩子思维僵化，我们不要给学生已经完成的概念，不如让所有的内容从大家一起来完成的艺术行为、从大家具有情感的感受发展出来。如果让学生自己来感受并做出一些有道理的或者有功能的东西，学生在做的过程中不仅会发现做法和功能中的真理，还会因为这个过程是基于自己的感受，情感就会给他们行动的力量。

跟学生创造文化

不管是农村还是城市,最大的问题都是:人的心里太着急。心里着急,使得我们没有了稳定、坚持的力量,使得我们没有了专心和行动的力量。人们着急地想要得到成果,这使得他们在达到之前就已经把得到结果必须有的基础给破坏完了。例如在画画时,如果几分钟之内没有达到好的成果,学生马上就会放弃并且故意把已经画出来的画给破坏掉;而家长也常常为了马上得到成果,就不允许学习的过程慢慢地发生。我们在一篇文章里写到的事情还没有做好,没实现,怎么可能马上就想到下一篇呢?我们对于结果的期待会破坏产生新东西的机会。为了让学生去慢慢感受、发挥才能,与着急的心态对抗,我就继续跟他们一起去创造文化。

小学生很想参与已经存在的事情,而能产生新东西的空白,却让他们很不自信。这也是因为他们太急于得到成果的缘故。不过,对于在生活上已经变成习惯的传统的事情,对于建立在情感上的事情,他们能付出无限的耐心。因此,符合这个年龄的教育,也就是需要每天稳定发挥的情感和"传统"习惯。我们一起要创造的文化,也就是要慢慢地去变成他们的生活方式,要能连续下去,不能每一节课都是新东西。

以前我曾经尝试通过创造文化去赋予精神,让他们在青春期之前通过行动来接受。但这还是太直接,所以行不通的。作为一个西方人,我就没有亚洲人都能做到的那种能力,也就是给予情感。而没有经过情感的精神和行为是没有力量的。给我们带来力量的情感，我还是要向亚洲人请教。

艺术教育的价值是不能单独来看待的。单独地上美术课，对学生的成长是起不了多大作用的。为了让整个学习变成一个整体，为了让学生更全面地去接受统一整体的课程，我就考虑，如何才能让艺术当作其他课程的理解、学习和表达手段，让学生通过美术去表达和接受自然课等的内容，特别是植物界和动物界与它们环境的关系。这样通过美术手段来发挥的感受，比某些实验更能让学生用心去接受。或者以道德为例：我们与其去责骂一个浪费东西的小孩，还不如让他通过艺术来感受这个东西的特点和宝贵之处。

根据小孩天性的感受，一切东西所包含的力量、规律和思考才造成了这些东西在物质上的形成。对小孩来说，外界中的物质都包含有构造生命的力量、心理动力、思考等有规律的力量。否则，这些物质怎么会形成某种形态等特点呢？比如，一种动物具有的某种欲望才让它形成了它特殊功能的身体结构。老虎牙齿的形态是与老虎的欲望相匹配的，兔子牙齿的形态则是与兔子的欲望相匹配的。

为了更好地模仿这些特点，为了让学生参与形成的过程，为了让创作从他们自己的感受产生，描绘植物、房子等东西的画就要顺着这种东西的成长或建设过程而来，比如顺着植物成长的顺序来画。

如果画法和所发挥的思考是模式化的，我们的神经就会形成固定的结构，即思维也固定化。如果所发挥的思考是有活力的、创造性的，神经就不会固化，即思维还能变化。为了不让孩子思维僵化,我们不要给学生已经完成的概念,不如让所有的内容从大家一起来完成的艺术行为、从大家具有情感的感受发展出来。但如果让学生自己来感受并做出一些有道理的或者有功能的东西,学生在做的过程中不仅会发现做法和功能中的原理和真理,还会因为这个过程是基于自己的感受,情感就会给他们行动的力量。

任何艺术都是要表达什么。假如没有一种作为开头的感受,我也很难推动学生要进入的、在艺术的改进工作中才能产生的心理过程。

一开始,我给学生介绍了自然界当中各种各样的能带来生命的形态,能恢复生命的形态。我让他们模仿自然界形成各种形状的过程、模仿自然界的色彩、模仿人类各种文化的建筑物,自己创作类似的文化、用色彩来表达心里的感受、创作有规律的形状组合体、集体合作给自己的教室做装修艺术、制作有功能的模型、描述不同的人的特色。最终,我们围绕着一个故事,让学生根据每星期连续讲下去的故事来画画、制造出故事中的东西,并且编属于故事的歌曲。

学生对故事的感受往往是很模糊的,所以我就很难让他们用那种笔画出的线条来概括故事的情景。线条画是发挥想象力的,但也是概括的,而只有确定了形状后才能概括。为了让还模糊的感受在无意识之中形成,我就让学生用水彩画画。色彩是表达情感的。这样来做,学生通过画画这种行动发现了自己还不确定的想象。

见图6-1、图6-2和图6-3。我认为,小学生需要表达一些内在的感受,需要感受画画的过程;而初中生则需要表达外在的东西，需要学习技巧。要画出的故事情景都是一些内在的过程，学生一开始还不习惯，但都会。如果只是让学生抄下什么，这不可能是一种文化的创造。所以，我并没有说要怎么画，就是让他们用颜色和形态去表达这个故事在他们心里所产生的感受。越是让他们产生对神话世界、对迷路后又找到了新力量的英雄般的感受，效果就越好。这样，他们也能感受到，我们需要进入和克服困难，才可能从克服的过程学到新的才能，得到新的力量。学生最喜欢问我的问题也就是这样的：传说中出现的某些能力是不是真的？我们死去之后会是怎么样的？鬼是否存在？等等。我尝试让小学生使用技巧，但他们因为画得不像，就欣赏不了外在的

图6-1 学生在泥土瓦房的教室里上课——用水彩把《和平剑》的故事画出来

图6-2 画画的过程是学生表达内在感受的过程

图6-3 美术能帮助我们去理解构造生命的力量

像。他们还是来找到我,说他们其实更喜欢去画内在故事的画,把看不见的心里的感受变成能看见的画。

其实,不同的艺术种类给我们带来的理解也有很多种。美术的创作工作是构造生命的力量也在做的工作。在我们做美术创作时,我们就是以外在的方式,在做我们生命的力量正以内在的方式也在做着的事情。外在的创造工作会推动生命力在内在的工作,所以美术的创作还会给我们带来生命的力量,会使这种力量进入到我们的生活中。而音乐又不一样。音乐的创作会推动我们心理动力的发展,因为外在的音乐创作工作的方式与心理动力内在的工作方式很相似。也可以这样说,智力能帮我们去理解物质的东西(物质规律),雕塑(美术)能帮助我们去理解构造生命的力量,而唱歌能帮助我们去理解我们心理的动力,因为外在通过唱歌来发挥的特点与内在发挥的心理活动是相似的。这些像唱歌一样的,只不过是内在的活动,也会"抓住"和构造我们的心理。最后，进入某种语言的结构会帮我们去理解人的自我。

有的人想先知道要画的是什么，怎么画。不过如果已经知道结果，基于感受的创造过程还有什么机会产生呢？为了能感受和创造，就是需要不知道它的意思，不知道（不能保证）它的结果。为了培养这种带来创造的感受，学生需要专门练习创造和感受一些只有形态或只有颜色，但没有具体目的的艺术品。为了不要把可能会出现的创意压抑下去，我对学生的要求不应针对结果，而应针对态度。

真正的创造工作很少。我们在思考中做出的"创造"只是已经存在的几种事物的新的联合方式。模式化的思考不需要太多睡眠，可是能够接受创造因素的思考只能在比较多的睡眠后进行。它来自在个人意识中还没出现的那种感觉。如果要真正创造，我们首先要失去对于结果的想象，造就一个没有任何目的的空间。一个耳朵听满歌的人无法创造出真正新的音乐。反而内心中对音乐的"饿"或渴望会在内心中引起新的音乐创造。

但是，直接让学生去做一些从来没有的东西是不容易的。更容易的是一步一步地把所练习的节奏或曲子改进，找一个更适合自己的版本。为了让学生所弹的旋律能够成为一个整体（同一的调），我就要求他们都从同样的两个音开始，比如3、6或者6、3（悲伤）或者5（快乐）。在让学生创作的过程中，重复很有帮助，因为在重复中才能发生感受和转变，也就是一种在重复中不断转变的进化过程。过后，我给他们再弹那些好的片段，让他们感受并做出选择，而选择也就是决定哪些片段最适合我们要表达的哪一个内容。在这些结束之后，我才让学生编写歌词。这需要分开一步一步地来做。假如先让学生编写歌词或者同时编谱和词，对旋律的感受就不够强，旋律自然就进入像山歌一样不断重复的呆板的模式。在创作旋律之前我们还单独创作了更基础的东西，就是节奏。学生已经开始唱主音的时候，我就跟他们进行配音的创作，而编配音也就是编辑某些风格。

普通的创造工作总是以睡眠中的意志来发挥的，它只能在无意识的状态中发生，因为意识总会形成固定的概念。也可以说，只要想象变得无意识，它就具有普通的创造性，就像做梦时那样。真正的创造不是在思考而是在行动的过程中发生的。创造需要一种空间，需要不受约束、无计划或目的，使宇宙各种各样特点的力量进来。所以在做创造工作时，我们虽然需要停止那种针对目的的思维，但我们能发挥一种观察性的意识。就是说，我们虽然发挥意识去观察自己的创造行为，但想不到任何的目的。所以，创造工作是一种能让我们的行为接受精神的手段。

我还发现，不同的创作方式适合不同的年龄。适合一、二年级的做法是让他们建设，让他们制作东西。适合三年级的创作是编歌曲。通过画画的创作比较适合四年级的小学生。适合五年级的创作是跟学生拍电视剧。故事的编辑更适合六年级的学生。但这不是说在一个年龄段只能进行一种方式的创作。

顺序传达的力量

以前，我最感兴趣的课是"综合实践活动课"。我以为，它会用上所有门课的内容联合起来实现某个项目。这个学期，我们学校终于拿到了这门课的课本，让我非常高兴。但越看课本的内容，我就越失望。以至于到现在，我最不喜欢的一门课就是综合实践活动。这一门课上要做的，好像只有做计划和评价，也就是最容易让小孩的心受到摧残的两件事。虽然老的课本只是单一地注重知识，但它起码还有内容。而这些综合实践活动教材却连内容都没有了，只有把一切都摧残掉的方法。我们现代的社会好像也是如此——大家都在做策划并评价一些项目，但大家也都找不到项目的内容。或者说：500个组织帮助5个做事的人从事联络、谋划和宣传工作，而做事的人本身却越来越少。

在我上课的方式之下，在学生回答问题或提出某个想法的时候，评价失去了任何意义。我都想不到去说出那个"错"字。如果学生说的话对我们的项目有帮助，我们就使用它，在它无用的时候，我就问学生：这个想法可不可行？存在什么问题？让他们根据问题来继续去想。推动着我们的力量不是知识和认识，而是感受。如果我去评价学生的想法，我就没有给予推动的力量。有效率的、给学生带来力量的课堂首先需要让学生自己来开展。开展的时间需要比较长，而最后才去分析，分析的时间只需要一点点就够了。如果老师说的话太长，这又会让学生失去学习和做事的动力。

如果我们希望课堂上的事情能变成学生生活中的动力，我们就必须完成这三个步骤：先做，后感受，最后才认识到其中的真理。这也就是说，先仿造某样东西，做出它的模型或画出它的形状，然后去欣赏、感受它的特点，最后才是去分析和进行区分。如果去观察那些期望着感受的青年只因为得不到满足就去做无聊的事，就能知道好的感受有多么重要。当然，在低年级当中，活动过程的重点应该是心理的，在高年级，则应该是技术和能力。人类的天性也就是这样的。

从出生到换牙的成长时期是身体发展和完善的时期。在这个时期，小孩需要进入物质的世界，要去适应它。所以，这个时期的小孩感兴趣的只有动作。他想参与到动作中去。这一定是第一步。到了换牙的时候，第一步会引起第二步，而到了性成熟的时候，第二步又会引起第三步。被动作引起的是对情感的渴望，也是语言表达的发展，而被语言表达引起的是对逻辑思维的渴望，也是思考的能力。根据天性的发展从早期的对身体动作的渴望开始，然后到对个人心理感受的渴望，再到对逻辑思考的渴望。所以也就有了行动，表达内在的语言再到清醒思考这个顺序。这个顺序能靠着天性的力量去推动孩子的学习。

因为这个顺序是天性决定的，所以每一步发展的样子都会决定下一步发展的样子。如果我们能观察到一个小孩如何动作（行动），我们也就能知道他以后如何发展语言表达和思考。而从他表达的样子，我们也能知道他未来在青春期发挥逻辑思维的样子。如果我们让他的动作发展得很和谐，他以后发展的语言和思考也会如此。而如果我们要保证他以后的逻辑思维能力，先能做的就是搞好他的表达能力，包括用图案等手段。如果后一步有缺陷，我们只好去补前一步的学习，因为按照一定的顺序，其中前一步的才能决定后一步的发挥。

不仅年龄的成长，还有所有的学习也都是按照这个顺序来发生的。我们人类首先是用身体去学习（行动），然后用灵魂去学习（感受），最后才是用精神去学习（思考）。一个课题的内容也就这样先通过行动（去做），然后通过观察和感受，最后才让我们通过认识来接受。如果学习的顺序不是这样，小孩在未来就会分裂，也就是说，他的感受和思维不一致，使得他不仅心里不踏实，还容易神经痛。还有，他的行动没有了自己思考的根据，他的手所做的就并不是他的头脑想让它做的那件事情。身体就无法实现头脑所想的。相反，根据顺序的学习还会给我们带来力量。

不管是在一节课的过程中，还是在人成长的整个过程中，我们都需要注意到这三步的顺序：早期需要做，小学年龄需要感受，而中学年龄需要认识。对语文课来说，这就意味着先说话，后才去理解自己说的话所内含的意思。对一节课的安排来说，这也意味着先行动，然后从行动中得到感受，最后在自己的感受上产生认识。但到了成人年龄时，认识的过程已经形成，这三步的顺序就已经到达了最终状态。到这个时候，我们做事的顺序也已经倒过来了，变成了根据自己的认识去做事。

在这里，我想谈谈课本里先提供知识，后让学生来证明它的这种做法。这一点太影响我们整个社会的状况。这样的做法是从大人的情况来考虑的，不是从对小孩成长的了解出发的。在现代的社会中，人们的信息量和知识量非常多，机会和追求也非常多，但由于多，人的行动力就被分散了，被弱化了，我们都已经失去了行动的力量。这也就是我们错误的课堂培养顺序导致的状况。我们先得到了知识，后根据已经定下的目的去完成，使得我们虽然知道社会等问题在哪里，但我们并没有改变现状的力量。我们先有的是冷静的基于距离感的思考，然后要发挥的才是引起血液循环和带有好感的行为（意志）。但只有从好感出发的意志才可能给我们带来力量。所以，只有我们把课堂的顺序倒过来，我们才可能培养出能改变现状的能力。

那么，为什么这三步有效呢？我们要认识到的精神、真理，或者说自然规律，它都存在于外界的万物之中。我们通过自己的行为与外界打交道。通过身体的动作，不管是四肢的还是感觉器官的动作，不管是主动还是被动的动作，我们都从外界那里接受着这些精神，然后，我们在自己的身体里感受着这些动作给我们带来的一些什么，在此之后，它就被传到了我们的头脑中去，在那里面被反射，使得它变成清醒而有意识的认识。

其实，这样还不是整个过程。在后边，被反射而被认识的东西又会被传递到我们有情感的范畴，到我们的节奏系统中来，在个人内在的情感之中被保存下来（记忆）。这样被我们的情感世界拥有的东西以后又会决定我们出现的行为，我们的行动。这样说才是对这种循环的全部表述。后边的部分是我们通过教育要达到的，而前边的部分（三个步骤）是我们进行教育的手段。如果有了前边的这三个步骤（行动、感受、认识），很自然也就会产

图6-4　放学以后学生在教室外面做游戏——背后的泥土瓦房是他们的教室

生后边的两步（在情感中保存下来之后又决定我们的行动），只不过这需要一些时间。如果我们想直接地通过知识改变行为，那是行不通的，是失败的教育。

　　为了培养改变社会所需要的力量，我就这样把我教学的过程适应了人类成长的过程：先行动，再引起感受，最后引起认识。行动比如是做实验。在行动之前，我们有可能根据上一次实验提出一个现在要弄清的问题，但千万不能先有知识或对结果的设定。在行动后会产生感受，而最后，我们通过分析会自己找到新知识，发现新规律。发明家也是无目的地去做，在做中感受，最后才发现什么。这个让学生自己去发现的顺序不仅能培养学生的研究精神，还能保证学生的行动力不会消失。

最后，我还想用几种不同的方式来描写和总结我在这里所研究的三步顺序：

第一阶段	第二阶段	第三阶段
动作	语言	思考
行动	感受	认识
身体	灵魂（灵心）	精神
与环境融为一体	状态发生转变的过程	与环境分开独立
模仿	崇敬权威	自由
出生到换牙	换牙到性成熟	性成熟到成人

结果会带来意识

没有成人在小孩的身边，这已经成为了农村教育最大的一个问题。2008年，我们学校的留守儿童已经占学生的80%，而每一年增加的有10%。图6-4和图6-5为学校放学以后，学生在教室外做游戏。没有成人在身边的孩子无法控制好自己，对他们来说很多的事情都无所谓。由于没有了能阻挡自己的一个良心，他们去玩的方式就是弄坏，让自己变成世界的主人。只有自然环境来决定着他们的性格。农村学生的行动力都是很强的，但这是一种无意识，所以无控制的意志，也就是本能。其实，他们是想要一个权威，喜欢接受公平的惩罚，所以有时他们还专门来找我说，自己不去完成我让他们完成的为大家服务的任务（惩罚）。同时又承认，这样做只是为了让我想办法，为了让我来说他们，而被说也就是被关心。

学生都很喜欢我，是因为很想跟一个属于他们的成人在一起。但他们意识不到自己，感觉不到自己的生命在世界上是能起作用的，感觉不到自己行为的重要性，好像自己的行为没有给世界留下任何结果。根据这些观察，我觉得我的学生缺少的是一个属于他们的长久的任务，让他们在比较长的一段时间完成的任务。在我给他们上的科学（自然）和美术课上（音乐例外），我犯了一个大错误——我上的每一节课都是一个新的开始，虽然内容有承接，但前一节课上的行为留下的后果，我都努力地把它抵消了，不让学生受到这些东西留下的影响。现在我才看出来，我的课上缺少意识而造成的混乱就是通过我这个做法造成的。一种没有结果的生活是不实际的，它一定会造成学生不实际的思想。

学生不是故意的，但他们意识不到自己在做什么，所以才影响了课堂，影响了周围，让大家难受。不让大家承受的行为只能通过一种让自己难受的意识达到。只有他们发现从自己的行为而产生的东西，只有他们感受到我们今天的命运基于我们昨天的成果，他们才可能感觉到自己行为的重要性，才有改变的力量。为了达到这样的意识，我就必须跟学生做一些有结果（后果）的事情。如果只是每天做，然后第二天的事情又不是基于前一天得出的结果，他们怎么可能学到有意识的行为呢？这样的生活也不现实。他们今天的行为一定要造成第二天的现实。这不是受惩罚，而更是靠着自己行为的结果来继续做事，慢慢地来完善一件事。同时，他们要看到同学如何去做。

如果每次画了什么，但在之后的日子再也看不到它，学生就会觉得，自己的行为永远都不会有什么结果，不管做什么都是无所谓的。但如果学生在第二天要面对自己昨天留下的作品，他们就会非常满足，又会产生一种对自己行为的意识，而这个意识就能使得他们去调整自己。只有他们在不远的将来再次碰到自己所造成的事物，他们才可能感到自己所做的并不无所谓，反而是有价值、有作用的。这样通过结果培养出来的意识不会让他们失去行动的力量，反而还会加强它。

所以，我要让学生做的每一件事情都回到他们面前来，让学生接触到他们做事的结果和做过的东西。在每一节科学课的开始，我都让学生用几分钟来写或画出上一节课学到了什么。但其中一个班级的学生，我跟他们的合作仍然没有任何结果。从他们的行为和命运表现出来的，还是更强烈的一种需要。也许，唯一能不放弃他们的方式，是让他们制造有功能的模型，专门造能看见的结果。其他的都没有用。所以，后边的几个星期，我只让他们制造模型，让他们看到自己行为的结果。听到了特殊任务的消息，学生就高兴起来了。在准备制造的时候，他们班里最顽皮的学生来考验我到底有多善良，就在上课时在我身上做了一件不好意思说出的事，让大家看到。因为我并没有为了自己的面子就发脾气，只是给了他一个他自己认为该得的任务，所以，最顽皮的10个学生就觉得应该帮助我。他们主动合作，主动定下了"再也不让任何人吵闹"的规则，并且说要记录那些吵闹同学的名字。从那一天开始，他们非常努力，班里的纪律也明显地开始好转。

在接下来的3天，我就把他们分成8个由4个人组成的小组，给他们发材料，让他们制造能动、能使用的叉车模型。在一节课之内做完一部分，把它放在属于小组的盒子里，第二天来继续做，第三天才完成并给同学们表演。这样，我不仅让他们学会了在小组内合作，他们今天所做的事情也成为明天的工作所依靠的基础或命运。到了第三天，学生都变得特别地焦急，甚至有的人受不了就把自己的模型破坏了。也有一些学生成功地完成了，只不过没有我做的样板好看。我还发现，我的学生在情感上总是需要有一个明天。所以在第三天知道是最后一天做模型时，他们心里就很难过。但这3天（每天一节课）的活动过去之后，这个班的学生开始变得跟我非常友好。

在美术课上，我每次都会先给学生展览一下他们上次的作品。但从来不去公开作者的名字。学生用10个星期画出的故事，最后被我制作成了名为《和平剑》的故事书。在把书送给学生的时候,这又给他们带来了很大的满足。

后来,我还让他们每十个人在一个小组内一起来画一条四米长的画:第一天画形态,第二天添加颜色,第三天增加细节,每次用的原料都不同,但都是在同一张纸上画。这样做,既是让他们互相协调,又是让他们能够从昨天得来的结果上继续。在我让学生继续去画的第二天,他们也是非常急,差一点就无法等到我让他们开始。旁边虽然还有不少学生在乱跑动,但大家一起来继续画他们集体的作品的这件事情,都已经变成了属于他们自己心中的、大家都喜爱又很重视的"工作"。他们在做的过程中表现得很有热心,而这种热心就是教育的关键。在第三天,全班的学生都热心地忙着去画,使教室充满了工作的安静和对于把结果挂在墙上的期待。

另外还有一次,我也让全班来画一个作品,让学生一对一上来,在全班面前修改和补充大家的作品。有的学生独立增加了一个自己的东西,有的完善或修改了别人画的东西,而有的也专门破坏了同学画的。偶然,我用变换的颜色来把他们画的互相无关的东西连接在了一起。大家坐在下面看,不能及时阻拦同学的行为,心里就非常着急。承受自己的结果被别人改变,看重别人影响到大家的选择,真是一种很不容易的集体锻炼。[1]

到了下一个学期(2008年春季学期),越来越多的学生和村民希望我带领他们重新建设水坝,让大家游泳。前几年的洪水冲

---

[1] 学生集体创作的长卷见彩插。——编者注

图6-5 在教室前面玩耍的孩子

进来的沙子已经填满了它。我虽然觉得没有把握,但是在我又一次感到学生需要自己去做事情的机会,并需要看到结果的时候,我还是带着五年级(原来的四年级)的学生去做了。在准备的过程中,我又一次经历到:在我只是给学生看水坝的结构并给它做总结的时候,他们并不满足,也没有兴趣。或者说,因为怕别人误会,我就把学生的愿望看成是捣乱,不给他们一个参与的机会。在学生想参与的愿望太强烈,但自己并没有事情做的时候,他们才会捣乱。一切都是因为我对他们的误会。在我让他们自己在黑板上画出方案之后,他们就全面投入到了事情中并对我说:"你受伤了,你在旁边看,我们来做。"我还是应该按照自己的认识去做,不应该听那些说我总结太少的人的意见。

到了要把旧水坝拆掉的时候,由于当时用的水泥质量太好,将砖头拆出来非常辛苦。这样,我们就一边靠着水冲击的力量,一边不停地挖沙子,经过了几个星期,终于慢慢地把它修复成原状。修复水坝的项目比第一次建的时候要难，因为前后几次的洪水把我们几个星期的工作一下又毁掉了。但一起经历过的困难，让学生学会了关心属于大家的事，让他们变得团结，盼望结果。因为我们是在水量很大的时候来砌砖的，因此就特别困难，而就在这时，突然出现了几个失学的青年来帮忙，他们也就是5年前跟我一起建设过这个水坝的学生。虽然不到一个星期，洪水在一天之内又破坏了我们几个星期的劳动，让沙子重新填满了游泳池，让我们不得不再次从头开始。但不管怎样，这给了我们在班里合作的快乐——我们互相不好好对待的问题就这样解决了。

在音乐课上，我们经过几个星期连续工作创造出来的几首歌曲，也给学生带来了困难、不满、团结和把自己的班级作为自己家的感受。其实，同时做那么多不同的项目，每个项目又不是每天都能继续，这是会分散学生的热情的。所以，不如我就不按照课程表来做，不如我先专门跟学生完成其中一个项目，用我全部的课来做，然后才开始第二个。如果还能让音乐、美术等领域都为一个整体的作品服务，比如是一部电视剧，那就更一体化，所以更容易，更完美。

有的人在发现学生缺少实践的时候，就给学生安排综合实践活动课，在发现学生缺少创造性的时候就给学生安排创造课，在发现学生心理不健康的时候就给学生安排心理课。用一门课来弥补其他课造成的不足说不上是办法，而是在把一体化的人分裂。

在我跟学生创作我们自己的歌曲时，这个过程中我发现，如果我跟其他班的学生来唱我跟另一个班的学生编的歌，编歌曲的学生就会很失望，这是因为他们希望自己创作的东西作为只属于他们自己班级的特殊东西。同样,他们也希望一个老师只属于他们班,不属于任何其他班,不管他上的是哪一些课。

　　人是一体化的,培养人的教育也应该是一体化的。所以我认为,在安排小学老师的时候要区分的是班级,而不是某一门课。如果一个老师只属于某个班级,他不仅能更好地代替留守儿童的父母,他也很清楚、熟悉自己班里发生的事情,他就能以自己在任何一门课上的态度来调整任何缺陷。如果在一个老师跟一个班级做的长期的项目之中用上所有门课的领域,根据学生天性(心理)的需要来创建属于他们班自己的作品,也就不需要分开来上美术、音乐、实践、创造、心理等课,不需要分裂学习。中学生需要的才是专门的老师。图6-6为学生正在观看自己表演的电视剧。

　　在农村,小孩的心理处于古代的那种生活状态中,人是非常有力量的,比现代人有耐力、坚持力和行动力,只不过那是在睡眠中的力量,被无意识因素控制的力量。所以他们无法使用自己

图6-6　学生在观看自己表演的电视剧片段——每一个细节他们都会注意到

的意志力来做改造。在我们村里，前8年还是这样的。但现在的人已经醒过来了，已经发挥了新的智力，甚至发挥了部分的意识。但信息时代给我们带来这些的同时分散了我们的力量，让我们四肢行动的渴望慢慢地减弱。为了在清醒的有意识的状态之下重新发挥本有的意志、本有的力量，我们需要的是创作。不是需要创造出来的作品，而是需要做创作的过程和体验来作为我们的训练手段。这样得到的新行动力不像原来是睡眠中的，所以它能改变我们的生活。这种具有意识的行动力才是被我们自己控制的力量。

跟学生创作电视剧《和平剑》

以前参加过我的活动的学生已经读到了初中毕业。其实，最早参加活动的46个学生只有其中8个坚持到了初中毕业，其他的都提前失学了。后来参加活动的学生，有的还没读完初一就结婚或者打工去了。在观察他们的时候，我觉得：他们的情绪很容易就控制他们，并妨碍了很多他们本来很愿意做的事情。他们去抗拒被安排的心态好像比其他同年级同学的抗拒更强。他们现在需要的是，找到新的力量，一种稳定的、不让情感随便来控制的力量，使他们能接受自己所认可的任务。只有我在小学与他们做的事情是长期的连续的，他们才可能达到这一点。

还在读小学的学生一点都不怕死，但却很怕闷。他们非常渴望任何要发生的事情。在听到汶川发生大地震的时候，有的学生就说，自己希望在我们板烈也发生一次地震，大家都死也不要紧。他们对事情的意识还没有出现，所以才不去考虑后果。他们崇拜有勇气的人。所以，我们学校的几个学生在发生洪水的时候专门去游泳。听到我们乡有同学淹死之后，他们对勇气的崇拜和追求仍然比害怕大得多。但我认为，真正的英雄是能做那些让自己心里受苦的事情，而不会去做那种用生命来开玩笑的事。真正的英雄会把自己的心交给敌人，使敌人心（感受）中的自己像药一样来发生作用，引起敌人心中的变化。进入黑暗，自己不变成黑暗，那才是英雄的行为。

用上学生的追求，让他们承受，让他们感受大家彼此不分离的命运，那是他们很愿意接受的事。

这次参加活动的五年级学生跟我在一起的时间已经有5年。从他们上三年级起，我开始给他们上自然（科学）和美术课。从四年级起，我开始跟他们做《和平剑》的活动。而我们的活动还要持续一年。首先，我整个学期每个星期给他们连续讲我自己编的《和平剑》的故事，让他们用水彩把故事画出来。然后，我们把学生画出来的故事变成了我们自己的故事书。拿到了书之后，我们决定在下个学期上五年级的时候把这个故事拍成电视剧。

在这里，我并不认为学生需要除了平常的课堂之外的活动。特殊时间的活动只会带来不稳定，而不稳定是不好的。我想的只是，如果能把不同的课程联系在一起，能在不同的课上去实践同一个项目，那就非常好。我不想特别地上综合实践活动，再分开来上美术和音乐，让这一门课跟另一门课没有什么关系。所以，我就利用了我给他们班上的这三门课来开展活动，让表演、拍摄和背景设计作为美术课，让配音和编曲配乐作为音乐课，让实现作为综合实践活动课。图6-7至图6-12为学生分配角色、准备道具、编曲及观看片花的场景。我们在整个学期的每一个星期用一节课来做准备，用两节（后来四节）课来表演、配音（编歌曲）或做设计。刚开始，我还继续给他们上了两节自然课。

在做准备的课上，我们每个星期都一样要看上个星期拍出来的结果。在我们看的时候，是我哥哥已经剪辑过的。我哥哥每个星期都用两天帮我们做拍摄，然后用3天来剪辑。这样做，每次都给学生带来了非常的满足和"下次想做得更好"的决心。说了些可以做得更好的手段之后，我就给学生再次讲这星期的故事段落。再往后，我们每个星期都重新选择角色。想演容志（主角）的学生会站到前边来，然后，全班的同学用举手的方式来表示是否支持某个同学来承担。最后，学生用举手的方式来报名演出其他角色。

在拍摄过程中，我从来没有要求学生去表达角色的某种表情。他们还太小。我只要求他们做属于角色的动作并说出属于角

图6-7 分配电视剧的角色，教室里的气氛非常热烈

图6-8 大家踊跃举手

图6-9 准备拍戏用的道具大楼

图6-10 在准备的过程中学生很不容易组织

图6-11 学生用电子琴创作电视剧里的歌曲

图6-12 学生观看自己表演的电视剧片段

色的话。在拍电视剧的整个学期中,我们班里的合作有了很大的进步,工作越来越有效率,越来越和谐。因为这一点,学生也就希望再次来拍最前边的那一部分。学生还多次强烈要求我在下雨天同样去拍。只有学生背台词是非常困难的一件事。编歌的时候,他们非常欣赏自己的歌得到的多音节的配音。所有我们一起经历过的这些快乐和困难,都引起了我们之间可靠的信任。图6-13至图6-20为电视剧《和平剑》剧照。

在拍摄完了之后,过了一年,我们谈到了和平,谈到了宽容多样的生活,也谈到了放弃报仇等各种历史上的例子。也就是在谈论的这一天,我们班里呈现得非常和平,完全是我从来没有感受过的一种美好。我想,假如没有我们的电视剧,学生就不会好

图6-13 容志说:"为了人类的和平……"被人嘲笑,并被推倒在河里

图6-14 爱喝酒的朋友对容志说:"你不陪我,你就不是我的朋友。"

图6-15 容志正想拿到和平剑

图6-16 学生饰演遇到灾难的人

意思说认真的话,我们的谈话也不可能那么有深度和力量。

我们一个学期下来,每个星期的活动时间都是不变的,这样它就变成了一件很平常的事情,变成了习惯,而学生习惯的事情也就是纪律不存在问题的事情。这样变成了长期稳定习惯的行动真是给生活带来愉快和力量的一个因素,因为力量基于的就是习惯与行动的联合。以前不是这样的,因为以前我不是跟他们合作达几年之久的老师,只能在短短的几个星期之内做一些让生活糊里糊涂的事情。当时,我虽然也喜欢跟学生在一起,但我还没有

图6-17 容志从受伤的人旁边走过

图6-18 矛族人和赢族人发生争斗

图6-19 和平剑发出爱的火焰

图6-20 容志坠了下去,再也不记得谁是朋友谁是敌人

跟学生做事的快乐,仅仅是为了研究的兴趣才去做。但现在,由于我们能依靠不一样的基础(多年稳定的习惯),我就感受到了与学生合作的快乐。现在,对研究的兴趣已经不存在了,但对继续跟学生做事的渴望却越来越大。假如不是与熟悉了5年的学生来做,假如我必须按照另一个老师的风格来做或参加一个风格不同

的活动，我也不可能感受到这种快乐。

当然，假如没有我哥哥来帮助我们的活动，我们也很难成功。他带着摄像机来拍摄，每个星期用两三天的时间来剪辑录像，把我们编的歌弄到电脑里去。还有很多其他基于共同命运的不可计划的因素在帮忙。有点奇妙的是，参加我3次活动的3个班有了一种奇特的关系：第一个活动班在河流中建了一个水坝，也就是一个游泳池。第二个活动班的一个学生在这个游泳池里淹死了。第三个活动班，因为拆教学楼的事情，就在淹死的那个学生家里上了一年的课，也就是拍《和平剑》的那一年。

在接下来的寒假中，一个县城来的亲戚（也是正在上小学的小学生）来到我一个学生的家，一起看我们的电视剧。在看的过程中，县城来的小亲戚不断地在批评我们的电视剧，说这一点没有做好，那一点也太差。看完了，我就问他："你们会不会也拍一部电视剧？"他说，有人来过他们班想跟他们拍电视剧，但是同学们都怕被别人说，都怕丢脸，所以没同意拍。这样一来，城市人就很难做事情。山里的人却不一样，山里的人觉得，不管怎么样都行。所以在没有受到城市影响的这个地方和时间，什么都可以做。

跟学生7年共同的生活，跟他们每天在一起接近20小时（我也睡在他们的宿舍），时间让一切都变成了自然而然的。学生对待我的一切，都是因为他们希望得到我的反应，让他们感受到我的存在，让他们得到肯定和满足。学生给我带来的所有问题，都是想考验我，逼我去证明我对他们无限的奉献。因为他们需要知道我把自己交给他们能到什么程度。所以，不管他们怎么对待我，我都理解。

跟学生创作音乐片《在乎》和《梦别》

我利用五年级和六年级的音乐课跟学生编我们自己的歌曲。这一次,我让学生以自己的感受作为创作的根据,也让学生通过几个星期的编辑工作来经历"从节奏经过内容(歌词)、旋律、变换气氛的配音到重复地唱和欣赏"这种形成歌曲的过程。我没有给他们带来已经完成的只能被动着消费的音乐。

六年级学生每一个人提供一段而写出的歌词就是这样的:

我孤独躲在黑暗,在世上有何用?伤心的我无奈站在冰冷的窗外。

你却告诉我英雄会孤独,好汉不需要有面子。

你依然保管着我的灵魂,而你也会永远地留在我的心中。但到什么时候才能回来?

你可要知道谁在乎你。你心里的美永不会绝迹。

当我最落魄时候,还有谁在乎我?为什么我不是超人?我都没有。

我却没珍惜你找我时候,你走时我又舍不得。

到我走时你还会在乎我吗?我们都不完美。但为了你,我愿意做出来不可能的改善。

为了回来,为了在乎你,我不怕失去自己的一切。

我心中的愿望已经满足了,而我激动流下的泪也停了。

这首歌是根据我给学生提供的题目《还有谁在乎我》来写

的，选择这个题目是因为我想从作为留守儿童的他们来出发，而歌词完全是他们自己想的。歌曲的节奏是每次两个学生上来创作而由大家评选的。旋律是学生在电子琴上乱试的，我把他们精彩的部分记录下来，合并在一起。然后我让每一个学生在电子琴上创作一些风格，而我重复了其中比较有特点的例子，尝试在现场

图6-21（1）

图6-21（2）

图6-21（3）

图6-21（4）

弹的时候去完善，让大家说说自己得到的感受和气氛，并定下我做配音要用的风格。配音是我在电脑上编出来的（因为我们没有钱买乐器，所以可惜，不能一起来做配音，只能用最便宜的办法）。接下来我们就天天练着唱，最终把歌曲录下来了。这整个过程就用了将近一个学期的时间。

当然，每一个学生都不一样，合作也就不一样。那是我在7年跟他们一起的生活中不能不看到的。所以，我很自然地也就用不同的方式去对待不同的学生。但在我们班里，集体的事情要培养的是"团结"这种能力。让集体的事情被每一个人接受，又让每一个人的因素从集体的成果表现出来，这也就是音乐和编歌的工作要培养的。没有一定承受能力的学生无法成为属于团体的一部分，因为他们承受不了自己没有受到特殊的对待。但能承受、能成为团体的一部分的学生在未来的社会中却能引起和谐，引起和平。

图6-21（5）

图6-21（6）

　　也就在我们做这些项目的时候，我们县发生了特别严重的旱灾。由于学生的家都在山坡上，家里的自来水多数都不来了，而从远方挑回来的水不够用来洗澡，更不够用来种菜。但学校在山的下面，所以学校一直都有水，甚至学校后面的小溪里的水还特别干净。我就决定在这条小溪里与学生一起恢复我们几年以前的游泳池（水坝），让全村的学生到那里游泳和洗澡。我向从事建筑工作的家长买回了水泥和水泥砖，几天后，在同学们的努力之下，我们梦想的游泳池又一次实现了。这个干旱的时期就变得特别好玩、特别舒服。所以在我们后边拍的作品中，也就能看到完成了一半的和已经全部完工的游泳池。

图6-21（7）

　　为什么不好好地欣赏自己的工作？为什么不跟学生做自己最喜欢的，也就是学生最喜欢的事情呢？所以到了下一个学期，我们再次一起来创作、编辑自己的歌曲并拍录像。故事以表达不同的情感为主，而最能表达情感的不是语言或故事的过程，而是音乐。所以与《和平剑》不一样的是，我们这次的作品以歌曲为主。我们把几首歌曲连在一起，让他们联合成一个故事。我们想做什么就做了什么，而我们能这样是因为有一个原则，就是一切都是我们自己来创作和完成的，否则，这种生活就是行不通（不现实）的。

　　为什么我那么喜欢跟学生从事创作呢？因为从事创作的人永远都不会闷，而在青年时代，闷又是引起各种不良行为的主要原因。我当然知道，我跟我学生做的是远远不够的。如果要起到真正的作用，我跟他们需要做的还要多得多。学生的家长或爷爷奶奶们也说，他们希望我继续跟他们的孩子从事这方面的创作。

图6-21(8)

图6-21(9)

图6-21(10)

所以在这一年春季学期,我跟学生就又一次从事创作,这一次是五、六年级两个班一起来做的。我们每天都在继续着我们这两个班合作的一个大作品,把我们这一段时间的共同感受编成了名为《梦别》的故事。我们用音乐课来编了8首不同气氛和情节的歌曲，用美术课来做拍摄，用综合实践活动课来完成一切。这样的过程大概经历了3个月，我们每天都在一步一步地看着自己的作品成型。这种长期的工作和慢慢连续地得到结果的过程，也给我们的生活带来了意义、稳定、信心、快乐和动力。

这一次的活动，我哥哥无法帮助我。这一次虽然来了另一个朋友帮忙，但他待的时间只有一个月，所以，他除了帮我防止外来的干扰、应付外来人的需要之外也做不了什么。每当有记者来看的时候，我们还需要把我们的项目停下来一两天。在没有共同命运的人面前，学生是不敢表现基于自己感受的故事的。他们认为：一个不参与一切的人是不会理解的。只有已经完成的作品才不怕被看到。

编辑故事、做准备工作、拍摄、编歌曲，都是我一个人跟两个班级的学生完成的。还有每个星期在电脑上做的剪辑工作也是

图6-21（11）

我一个人完成的。我没有我哥哥那么专业,所以在技术方面,我们这次就不太完美了。但因为我所有的班级和所有门课都加入到了一个活动中来,我的教学工作就一体化了,变得很简单,追求与思考都不分散。因为我只要想着一件事,也因为学生为了看到结果就合作得比以前好,所以最后我们还是成功地完成了。

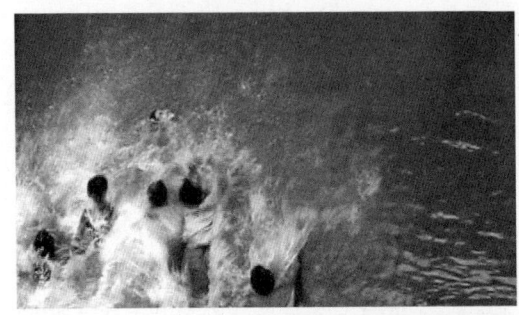

图6-21(12)

图6-21(13)

图6-21(14)

图6-21（15）

图6-21（16）

以前跟我拍《和平剑》电视剧的学生已经升入六年级了。他们与我的关系已经进入了一种我以前从来没有经历过的状态。他们与我合作得非常好，配合得非常好。我以前见过的班级，有的是听话但不敢做，有的是敢做但不听话，而我现在的六年级学生在春节前则是又敢做又很配合。在他们的班里，我的权威不是通过什么手段获得的，更不是上级给的，而完全是学生给我的。我们在班里的合作基于的是互相的尊重和喜欢，真是舒服极了。这是与他们共同创作而得出的结果。这样，我就不需要让学生按照我的想法去做，我也不需要因为忽略别人的想法而难受。

图6-21（17）

图6-21（18）

图6-21（19）

图6-21 学生表演音乐剧《梦别》

当然，到了这个学期进入了青春期的时候，学生的内在发生了转变（障碍），他们虽然还很愿意，但同时又不好意思在别人面前表现。有的来找我，靠近我并说，他们希望我来逼他们做原来自己也想做的。他们问我，自己的变化是怎么回事，因为他们不明白自己。而我就告诉他们："这就是因为青春期。每一个时期都意味着一些失去。那就是成熟。到了初中以后，你们的一切都需要重新开始。"

没有跟我拍过电视剧的五年级虽然还没能达到六年级的那种状态，但他们为了我们的作品，为了看到一个结果也突然变得很愿意配合的样子。他们还很容易投入到一切，容易高兴地为了什么去牺牲自己，为了我与我们的成功。五年级很投入，但不同的意见太多。六年级已经失去了投入的能力，但他们提的意见很好，所以我更多的是让他们做决定。《梦别》故事的结局也就是他们编出来的。

在拍摄的时候，我多次怀疑我自己。有时五年级的学生，会变得谁都跟谁过不去的样子，而自然环境还让他们麻木。比如有一天，我先接到了一个女人的骚扰电话，然后有人不合作，别人就来打他。然后，大家就因为没有心情，放弃拍摄走了。我也不想逼他们，就放弃了，而他们看到这种情况也很难过，因为不想看到放弃。这一天有太多生气的、太多伤心的心——这天的晚上下了一年以来的第一场雨，一场很大的雨。下完了以后，在宿舍睡觉的五年级学生很想从我这里得到新的希望和再次重拍的机会。但我没有那么快答复，只是在没有结果的状态中陪伴着他们。

另一次，因为记者的到来，我们在水里面的拍摄就被改到很冷的一天。我本来建议他们再改一次时间，但他们等不了。我说，每一段的拍摄只有一天，还是让我们等到温暖的一天，效果会更好。但除了主角之外,所有的学生都要求当天拍。我没办法。当然,最强烈提要求的学生后来都没敢下水,或者是刚一下水马上又出来,再也不进去了。拍了一个镜头后,我们就拍不下去了。没有了结果,这又把我们的感情推进了深处。大家都很伤心,而先要求后不干的学生在接下来的几天一直在找机会把自己没做到的再补回来。

晚上在宿舍睡觉的时候,五年级的学生喜欢唱自己编的8首歌,把不同的气氛都唱出来。他们最欣赏的是,自己适应着配音的样子。但是自己不唱,在听已经做好的被录下来的配音时,他们又不喜欢。他们更容易投入到我现场在钢琴上弹的音乐。

因为我借来用的那部摄像机不能录声音,所以所有我们用上的声音,都是分开来录,然后在电脑上合成的。反正,我们以歌曲为主的作品也不需要多少现场的声音。这样来做还比较容易,因为不需要同时注意到动作和声音,在外景不需要维持安静。后来,在我们录学生唱的声音时,教室旁边的工程发出的声音有点大。反正,我们也不是专业的,不需要提那么高的要求。

在六年级的班级参加毕业考前一个月,我们才完成了我们这一次的创作,这样会不会影响到毕业成绩呢?他们的语文和数学老师并不担心,他们还认为我们的创作给学生带来了学习的活力,而考出来的结果也证明了这一点,全班的平均分数比平常的高一些。我认为,假如我们的创作是一个短期的,所以是非正常的活动,那会有不好的影响。板烈的老师和村民都为了我与学生活动的成功做了很多特别的决定,不让外地人以我的名义乱造出来的事情干扰我们的工作。只因为这样,我在这一个学期中还能继续工作。

旱灾过后,紧接着就到了水灾。河水进到了我们的校园里,并把我们村的公路和电线破坏了。我们就多次遇到了停电,每次都停上个三四天。在这个不通车不通信息的时候,我们就进入了一种像梦一样的自然化的状态,在无意识中上课,去河边游泳,并完全忘掉了外面的世界,见图6-22。在这一段日子我每天都知道:现在的生活就是最好的生活,以后不可能再有现在这么能给我们带来满足的生活。所以,我很欣赏。

图6-22 放学以后跟学生一起玩,忘掉了外面的世界

归属

只有我们把学生看成是自己的命运,允许学生的事情影响到我们(老师)的命运,也让学生感受到这一点,学生才可能把老师当成是真的,才可能接受他本人,并发生真正的改变。

老师的心态决定一切

我一直在尝试通过更合理的方法来消除在我课堂上的问题，所以一直在完善我的方法。但最终我发现——根本不能通过方法来解决我存在的问题。反而，我越重视只能在表面上起作用的方法，问题就越严重。在方法的表面之下起作用的，是心理，是灵心的力量。我一直都忽略了从我的心往学生那里发挥的情感，忽略了我自己情绪的作用。这些看不见的力量都非常严重地影响学生的行为。特别是在媒体记者来找我之后，我产生的反感严重地破坏了学生的信心。

学生的年龄越小，他们就越绝对地受到老师在心里产生的某种心态的影响。只要成功地培养了适合学生的心态，老师做的一切事情就都会变成适合的。到那个时候，老师什么都不用做，只要他在，一切的问题就都消失。如果我在这里说"方法和计划并不重要"，这当然不是说"备课也不重要"。其实备课非常关键，因为我们需要花很多很多的时间，才能让自己进入适合学生的心态。从拍《和平剑》以来，我就已经不重视任何教学方法，而是把全部的力量都投入到我的整个教学心态的培养中。其实，我翻译过的所有的书都是想培养老师适合学生的心态。

如果有大人来听我的课，我必然就会担心他从我的课而得到的印象，必然就会在我的行为上考虑到他，甚至还会只因为他才给学生说某些话。这样，我的课就不是给学生上的，而是给大人看的。这样，我的心就不在学生那里，而是在大人那里。而在无意识之中，学生就会感觉到这一点。既然课堂不是他们的事，那么他们也就不必合作。如果一个志愿者老师感到自己属于关注他的那些人,课堂就更加无可挽救。其实,任何关注者都会把我的心从学生那里吸出去。在我设计课堂的时候,我也是经常考虑到了活动后要写文章发表的事情。我这样的考虑一样会把我的心从学生这里吸引到关注者那里去,使我的心同样不在学生的身边。如果利用学生与我之间发生的个人的事情来做发表,学生当然也会觉得被我出卖了。

在学生不能作为我的一切时,我的心态也不适合他们。当然,想到社会的发展会给我带来力量,但这种力量是学生感受不到的。只有仅仅为了学生当下的表现来上的课才可能是属于他们的,才可能得到他们的合作。在只保留了自己人(当地人)的时候,没有外来的事情让我的心态杂乱无章,什么都变得很自然,什么都变得可以完成。

如果把自己的工作看成是一项要完成的任务,自己也就没有了力量,学生也不会理解。而任何压力,不管是自己给自己的,还是外来干涉的,都会破坏老师的心态。反过来,我的心态又会影响到工作环境(气氛),会造成压力等现象。工作不舒服的状态,也就是大家的心态所造成的。如果老师们的心态都合适,每一个人都会放心地去做自己的心所支持的事。当然,每一个人都会做得不一样,但这样也就是最好的。图7-1至图7-3为陪学生一起在泥泞的小路上玩耍。

在不理解学生的天性时,我就会把学生的好奇心也看成是坏的因素,因为学生好奇的心总是会让他们来拿"不该拿的"和拆开"不该拆开的"。这种"学生和课堂应该怎么样"的想法都是

图7-1 泥泞的小路就是快乐的游乐场

图7-2 陪学生玩的时候就尽情地接受他们

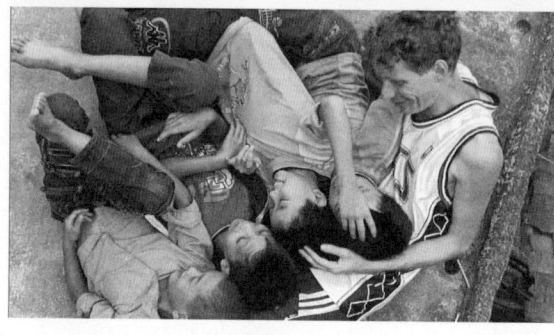

图7-3 240个小孩,一个"爸爸"

危害课堂的,因为它让我总是感到"不对"。现在,我就努力地放弃这种偏见,而这也就使我的教育行为得到了解放。成为我们教育行为的最大障碍的就是我们对"学生该怎么样"的想象(幻想)。放弃了这种偏见之后,来请我给他们理发的同学也放心地说:"你爱怎么样的就给我理怎么样的。"

在准备拍《和平剑》的时候,我用了几个月的时间,在自己的课上天天学习。能帮助我的课堂教学的,是我的心态;帮助我的心态的,是我对学生的理解;帮助我的理解的,是我对学生的观察;帮助我的观察的,是关于他们成长规律的知识。这种知识,包括学生为什么要经过某种过程,还有它背后的精神上的意义,这都是我在我翻译的那些书上看到的。这样,我的观察就慢慢地代替了原有的想象。

为什么在寻找适合心态的时候,观察有那么重要呢?因为不同的人对生活的感受是不同的。我需要学会以他们的方式去感受,才可能知道什么心态适合他们。这又意味着我要超出我个人的感受方式。通过很多我跟学生在一起做事情的时间,就像我周末和放假时住到他们家里那样,我就能更好地理解他们,能找到更适合他们的心态。不过我还觉得,自己去学生家是专门来玩的,观察只是顺便地发生了。

这样我也就发现,学生跟我"作对"的所有现象,都只是我对他们的理解不够。只要我能够观察,我就能理解纪律问题的来源,而在理解的时候,问题就已经不存在。比如,如果只因为一个学生自己的问题就让全班都受到惩罚,他们就非常满足。可以说,学生调皮,是想让我来关心他们;学生跑动,是因为他们希望我来抓,给他们一个靠近我的机会;学生跟我作对,是希望我来成为他们的大英雄。如果理解了学生每天来骂我的原因,如果知道这是因为他们希望跟我之间产生某种联系,我也就能承受被他们骂，不会激发那种阻碍我与学生关系的反感。当他们在一起的时候，他们都会很快乐。而当他们快乐的时候，他们就会不断地想表达各种期望。所以，我只好考虑如何利用他们的期望。

往往有些时候，学生所说的或做的事情与自己所想的是相反的。他们这么做，是因为他们希望从老师那里听到和得到一种不同于自己的道理和理由，来支持他们与环境的对抗。如果我这个老师听他们的，学生就得不到他们所愿望但自己还做不到的角度，从而就会放弃。而对老师的放弃，也就会引起对自己的放弃。在这里要考虑的做法并不是手段，而是心态。为什么呢？因为对学生身体的行为起作用的，是老师生命的发挥（构造生命的力量）；对学生生命的发挥起作用的，是老师的心理动力；对学生心理动力起作用的，是老师自我的意识；对学生自我的意识起作用的，是进入老师自我的精神。都是高一层在对低一层起到作用。

这具体怎么理解呢？比如，如果老师的心理动力发挥得不平衡，比如说很暴躁，学生的生长发育就会受到影响，使学生做不到某些事情甚或患上慢性病；如果老师的思维不相信学生能做到某件事情，学生在心理上就会产生障碍，会没有力量，使他们真的就做不到，而我们行动起来的力量也就来自于我们的情感。但到了青春期，由于学生已经失去了与老师之间自然的联系，此时，这种规律就会失去它的作用。

如果我消除任何主观的反感。当学生在课堂上骂我的时候，我就不必把这件事情联系到自己。那是通过我对学生的理解能达到的。另外，如果我还能消除任何主观的好感，好感就不会使我想获得又担心得不到什么。有时，我确实能够成功地脱离掉任何情绪,既没有了因为某个想象产生的反感,也没有了欲望等好感。在这样的时候,我没有认为应该达到什么,从而也就没有了担心,只留下了放心的信任而已。这时候,我的心态和感受就是:很多样子都行,没有什么是一定需要的,没有什么是不可以的。在那种时候,所有的问题都不存在了。

在这个过程中最大的收获却是:我学会了通过每一个学生的反应去看出我自己的心态。一个调皮的学生很难改变自己的行为,正是由于我们大家对他的期待(期待着他调皮)。但如果我们大家对他的看法(期待)有了改变,我们对他的态度和心态再也不会逼迫他来满足我们原来的期待,所以他的行为也就被解放了,他可以变成另一个人。

在某一天,我与学生的状态突然变得就不一样了。那一天只是有那么一次,但后来,这种状态就越来越多,变得越来越平常。这种变化就好像是发生了什么事情一样。从那一天起我知道,我能调整自己的心态。以前我都以为,自我较弱又内向的人是没有办法做好老师的。但现在我知道:老师的心态能做到一切,而心态又是通过观察和理解而来的。自我较强又外向的老师会排斥他所需要的观察。其实,只要能承受被学生骂或嘲笑、只要在心里不产生那种阻碍我们去理解的反应,就能做一个好老师。图7-4和图7-5为陪伴孩子们玩耍。

以前我不明白,为什么在课堂上捣乱的学生跟我做某种工作的时候或在家里的时候却能把别人照顾得那么好。现在,我已经知道,是交给他们的责任给他们带来了力量(责任感)。所以,

图7-4　儿童要寻求与权威的接触

在学生说需要我来打他们的时候,我就让同桌的两个学生互相负责,什么手段都行,但被管的同学不准还手。毕竟他们是自己选择跟谁坐在一起的。这样去做的时候,他们很乐意,感到自己有了责任,因此合作得就很好。

不过,给学生的责任一定要包括任何结果。假如,我已经给学生定了他们要达到的结果,留给他们的那份责任就是假的。在这个学期,我们就以这样先不设定结果的方式来做了一些事情,一些需要每个人的支持才能完成的事情,而对这些事情结果的责任也给我们带来了真正的信任。当然,有的学生平时是会专门跟我作对的,但在需要的时候,我还是可以百分之百地信任他们,不会有问题。反之,如果老师的心态已经先假定了"学生肯定做不到",那么,学生做事的力量还能从哪里来呢?不管代价有多大,我们都需要信任。有时有外面来的人对学生说,我来到中国的目的是想危害中国。但学生都不相信这些话,他们信任我,而我也信任我的学生。假如,这样的事情让我和学生互相失去信任,就会让我们进入无可救药的可怕情况。

信任会带来很大的力量。有时我很欣赏摔跤的感觉,就尽可能不小心地从下了雨后变滑的山坡上的小路跑下去。结果是,我越放心,越有对后果(摔)的好感,越不担心,摔跤的后果就越难出现,身体也好像被我的信任所带来的力量扶助着。反而,越是害怕和担心,我们走路就越不稳,很容易摔跤。每一个人都可以自己来尝试,看这种规律是否存在。不仅在路上,在课堂上也是这样。如果我相信学生做得到某件事,他们也就做得到,因为他们依靠了我的信任给他们带来的力量。

我这段时间在消失的记忆力也在帮我建立信任,因为在我不记得哪个学生做过了什么的时候,我就把所有的学生都看成是好的。

我经常听到这样的话:一个好的老师不应该追求喝酒和享乐。可是要求别人学到这点是不可能的,因为喝酒等是他们唯一的追求。如果这些也没有,他们还有什么生活的动力?关键的是,生活中有没有比喝酒等物质享受更有意义的追求,还有一个人能不能发现这些追求。反过来有人说,最宝贵的是我的精神,不是方法。他们崇拜我这个人,却不看方法。可是,通过什么才能使自己变成像我这样一个人呢?这才是需要介绍的方法。

我希望有人看到的不是怎样教育小孩的方法。世界上没有任何方法可以代替对事情的了解。方法不能成为模式就起效。起作用的实际上是老师对学生的了解本身。只要我们老师了解到问题的根源所在,解决的方法就产生了。所以我希望有人看到的,是怎样把自己变成一个比我更了解学生的人的那种方法。如果能了解一个小孩的天性和他根据这种天性必须做出的反应,我们就不一定需要一个教育小孩的方法，因为我们具有的对他的了解自动就会改变小孩与我们之间的关系。图7-5为陪伴在山里放牛的学生。

图7-5　周末在山里陪学生一起放牛、淋雨、烤玉米

如果能发现精神科学给我们带来的认识，这就会帮我们找到新的生活道理和追求，使我们很自然地就对低级的追求失去兴趣。我们的思考虽然不是自己的头脑造成的，而只是被自己的头脑反映，可如果我们去在乎一种思考或者想法，并把它当作自己的信仰和思想，它就已经起到作用了。

能否有意识地观察到这些，只是培训手段的问题，而不是这个人是谁的问题，精神科学就给我们提供了很多提高意识的手段。通过这样的培训能学会的观察能力比我学会的要多得多。

精神科学和自然科学研究出来的结果是完全一样的，只是研究手段不同。如果一个人只利用物质境界的感觉器官，他就好像是在黑暗中碰到效果和现象，可是因为看不见带来效果的原因，所以只能重复地（常常需要上百次）碰到现象后，才得出对于原因的结论。其实，我们可以靠精神科学的手段来培养一种内在的观察能力，直接去看原因（规律和力量）。但我要提醒：使用这个方法也一定要保持科学的手段，否则我们会进入迷信。每一个人都具有这种内在的观察能力，只不过还是无意识的。一般情况下，物质生活给我们带来的印象和想象会排斥它，就像白天的阳光排斥星光一样。只要我们把它提高到有意识的程度就行。

影响力的后果

随着年龄的增长,我正在失去我前几年清楚的认识,已经说不清我的研究。但同时,比以前更丰富的感受正充满我的生活。过去能认识的,我现在已经看不清,但我已经认识不清的,我现在才能做或实践得更好。在我接受这个现实的时候,我的生活就会变得非常满足;如果不接受,我的生活只能变成一种"抽搐",是因为放不开正在消失的东西。

以前,在我写的那些事情还没有变成我的生活的时候,那些事情就只能在我的思想中存在,而仅仅在思想中的东西又只能是写出来的。所以,我就写得那么多。但现在,这些事情都已经变成了我的平常生活,而变成了生活、已经不作为思想的东西是意识不到的,所以写不出来,只能感受。因为变成了生活,自然而然的事情没什么好说的。现代的人什么都懂得,什么都知道,但他们却做不出来自己所认识的、自己该做的事情,是因为事情没有进入他们的感受。

一个人知道得越多,他越没有了幼稚的小孩都具备的那种行动力。如果一个老师不理睬自己的感受,仅仅根据知识去做,这会让学生感到虚假。但如果我能自己来感受,跟着感受去做,我的事情就会给我带来很大的力量。所以我也就认为:假如我能告诉别人怎么做是对的,这样对他们也没有什么用。不过,我们一定要在平静的观察中培养自己的感受能力。

有人问我:"你说你不想提高你的影响力。你这样做有什么用?能达到什么?"有的人认为,一个人有了目的,他才能"坚持"一件事。其实，我并不想改变中国的教育，那是中国人自己的事，我不该干涉。我也没有了什么目的，没有什么要达到的。我仅仅是喜欢这个样子，才去做。因为我不追求达到什么，所以我也不想让任何人做到任何事情，没有推动别人的兴趣。现在能按照自己喜欢的样子过日子，我就满足了。

也就在这个时候有人告诉我南非的曼德拉说过的一句话："如果你隐藏着自己，不敢让别人看到你如何做着自己所喜欢的事，别人就会认为，他们也不能。但如果你让他们看见，这就等于允许他们像你一样去做自己喜欢的事，就等于解放了他们的愿望。这不是说让他们做跟你一样的事，而是说让每一个人做最适合自己的、自己所愿望的事。"是的，在现在的社会里，我们不敢在别人的面前做的事情太多了，所以我们要勇敢一点。这样，我就被我的朋友们感动了，也因此，我第一次接受了电视台的采访。

当然，接受采访是带来后果的。在接受之前，我哥哥和朋友们已经告诉我："现在，时机已经成熟到一定的程度，你再躲下去是不可能的，现在你要为了大家去牺牲你自己所喜欢的（跟学生在山里的）生活和工作。"在理性上应该是这样的，但在感情上我还是舍不得本来与学生一起过的日子。不管是该面对大家、该成家还是什么，我都是这样的。理性上我该接受新的任务，但我的情感还不愿意牺牲自己与学生的日子。而在播放了节目之后，事情也就是这样来发生的。很多很多的人发电子邮件、打电话、坐车来找我。我不知道是什么感动了他们。有时我的头脑很乱，我都无法想清楚该怎么做才好。

我的朋友还告诉我:"这就是你的新任务。你要尝试如何在城市这种环境之下让每一个人都按照适合自己的方式做适合自己愿望的事情。"希望从我这里得到答案的人太多太多。我怎么面对他们带给我的如此大的期待呢?我还是做不到,只能得罪很多从我这里得不到答案的人。这时,我朋友又说了一句让我理解他们的话:"别人对你的关注和热情不是因为你,也不是因为你所做的事情,而是因为他们的需要。"也许,我能用自己的生命来试一试如何去过他们所愿望的生活。

无数的人给我发电子邮件,表示:"我们都不管自己国家的留守儿童,反而有一个外国人来管我们都觉得无法去管的事情,很难受,很丢脸。"这种难受,我不想带给这里的人,所以我又开始怀疑我面向大家、上媒体的这个选择。是不是不如没有人知道,就没有人难受?以前我也写过:一个人的影响力越大,他就越容易威胁到别人的利益。或者说,一个人的影响力越大,他就活得越不自由。媒体对社会的影响有时是无法把握的,可能一下子就会超出社会的限度。我担心的也就是有关安全部门的人所担心的。

这几年以来,我的工作一直都是半合法半非法的。因为没有支持我工作的法律,但有支持我工作的负责人和领导,他们为了我的事情就默默地照顾了我。我一直都知道:这样的事在没有人关注的情况下是可行的,但如果有一天大家要来报道和关注,我这样没有法律根据的机会就要结束了。

这几天想采访我的记者问的问题越来越像是给上级提要求的

样子。比如，他们问我对中国、中国农村、中国教育的看法。我干吗要有看法（要求）？不管现状是怎么样的，都是合理的，没有什么好说的。一个爱和平的人一定会接受现状。还有一些访问者把我当成了神。怎么能把人当成神？！那是我最害怕的现象，也就是我觉得最危险的一种行为。我最怕的就是影响别人、让他们相信什么，因为我会乱说话，因为我只是一个（追求自由的）人。而负责社会平安的人一定会担心在这种影响之下做不好自己的工作，除非是把我处理掉。但他们又不想处理我。为了减少自己的影响力，为了退避媒体所发起的波浪，我后来就下了决心，把我的博客关闭了。但访问者和记者们就偏偏误会了这一点，所以我关闭博客这件事情还引起了与我预料相反的结果。

国际媒体以我的名义来引起社会上的反应。这是我最不愿意看到的结果。然后，其他媒体又利用这个压力来逼我接受他们的采访。但越说，问题就越大。不管我给他们什么答案，都被他们误会。不管我做什么，说什么，在这个时候都会有相反的结果，所以我什么都不想说。为什么不好好地继续我在这一段时间正在跟学生创作的歌曲和录像？

既然对外媒体和外国媒体编出来的关于我的故事威胁到了国家的利益，我还有什么理由，还有什么面子留下来？我对不起国家，该承受后果，不管是什么样的能赔罪的事情。到目前为止，这些日子是我最快乐、最舒服的。我已经完全满足了，不可能要求我的一生都是这样的。不管是谁造成了后果，我也不后悔，也不怪人。只有我在心里理解，只有我承受，我的身边才会有和平。心里的仇恨和心里的战争是我最不想引起的,所以我要承受一切。

在暑假的时候,各种大学的志愿者团体到我们板烈来开展活动。这一年来了三批人。包括一些非团体的访问者,来的志愿者可能有几十个。但由于我在广州帮别人的活动做摄影,我没能见到他们。在接下来的学期中还来了几个说要长期待下去的志愿者,但我没有跟他们来往,所以也不知道他们的事情。听同事说,现在来的大部分志愿者带着如何改善的意见和热情而来。这样产生了一种新的力量。以前好像在半睡眠中什么都不知道,但不断在行动之中的状态开始被改变。

学生也感觉到我慢慢离开、慢慢要退出的过程,他们也感觉到:现在是新来的志愿者在做事。所以,学生也就跟着他们走。我也不想阻拦新来的人的新事情,毕竟社会也需要改变。外面的世界通过那些志愿者团体进入到了板烈来,包括外界社会对人思维方式的影响,也包括学校的监控器、校服、饭卡系统、标准化的广播,等等。本地本有的思维慢慢地被替换掉。比如有一个五年级学生,他经常忘了上课,是因为他在山上抓蛇很忙。有一次老师问他:"7加8等于多少?"他就用他的手指来数,然后说:"我的手指不够"。现在到了六年级,他爸爸感觉到外面社会的竞争,就把儿子送到了县城"最好的小学"。

为了推动改变,有的志愿者会为难当地老师,要求他们来做些超出当地人心理承受能力的事情,就与他们吵起架来。每次有志愿者来教训本地老师的时候,留守儿童的心也就变成一个留守的心。自从我来这个地方,除了自己的观察方式之外,我只是被吸引进来、感受了这里的生活、有了认识后也有了感觉，就知道这里需要什么并去做。这样一来我们就没有了冲突。假如我也带自己的想法进来，会因为不适合，当地人被改变了的日子就再也没有原来的自在，村民也会不熟悉自己的家。客人是做不了主人的。

在这一年的秋季学期，因为给我留下的时间不到一个学期，在学期的中段不好换老师，所以我已经没能继续给学生上课。因为媒体造成的事件，我必须回老家两个多月。但因为这一年又有很多我学生的父母春节不回来。为了陪伴这些学生过年，我暂时用旅游签证又回到了他们的身边。我做过的本来都已经满足了我，现在还能在这里感受，真是附加给我的礼物。唯一失去的是我很多年前曾经有过的目的或想法。只要一个人没有了什么想达到的目的，不管是消费，还是知识，他就会感觉到很多，多得都来不及感受。如果只是"想达到"，我们往往会另外假造一个世界来盖住本来能感受到的东西。

在我刚刚回来的时候，被媒体报道吸引到板烈的一个志愿者自行做了一些不能在学校做的敏感又极端的事情。他没有分清楚义务性的教育与自愿性的信仰，引起了有关安全部门的注意。板烈在志愿者的影响之下改变。是外来的影响使得板烈的情况越来越复杂，也是外来影响给我带来了新的任务：我需要帮助当地人承受城市人带来的各种事情，毕竟是我的存在才造成了这些事情。

我能作为志愿者的时间已经过去了。媒体以我的名义造成的社会影响也太大。我已经变成了一个随时都有可能被媒体点燃的"炸弹"。所以，我再也不能跟学生做创作，再也不能做研究或其他影响到任何人的事情。既然犯了错误,就要接受后果,要停止。在这时非常难得的是,我仍然能生活在学生的身边。为了大家和谐的生活,为了和平,我愿意接受任何改变,也愿意变成我现在这种只能被动的人。我接下来需要做的只有接受。没有接受能力,我也无法去帮助社会的团结。可能只有这样,只有发挥更大的接受能力,我的行为才能有利于和平。

留守儿童的归属

物质快速的发展也来到了留守儿童的身边。他们的父母去打工赚钱给自己的孩子建新房子。每到周末回家的时候,这些留守儿童就一个或两个人住在一栋两到三层楼的房子里,跟这几年刚刚不要的泥土瓦房比起来是富裕了好几倍。但房子里的生活如何呢?在以前的泥土瓦房里,大人给了每一样东西一个固定的位置,而生活也从大人那里得到了有规律的节奏。但现在的新楼呢?仅仅有小孩搬到里面去,而小孩没有能力给每一样东西分配一个位置,也没有能力建立有规律的生活。当他们用完一样东西时,就让它掉在正好经过的地方,下次怎么找都找不回来。他们在扔满东西的地面上走,心理的状况也只能如此。

另外,学生被集中在越来越大的中心学校里也就造成他们越来越陌生,找不到一个属于自己独特的生活空间,找不到归属感。所以农村的学生就会跟着帮派,会上网成瘾或退学。

现在的留守儿童接触的大人少,接触的社会多,他们越来越难适应有权威的课堂。因为身边的权威已经离开了,他们再也不接受大人作为他们的权威。自己已经没有了追求的爷爷奶奶做不了小孩的权威。在上学之前,周围的自然环境来作为他们主要的引导力,而只有作为青年的哥哥来替代大人本来要做的权威。所以到了上学年龄,他们已经变得特别野,特别不受约束。

没有了权威,他们也就没有了可教育和完善他们意志的手段,没有了可培养自控能力的手段。虽然,留守儿童在自然环境中的活动也能培养很强的行动力和自立,但没有通过服从权威而培养的意志是没有自控能力的乱发挥的意志。在他们进入青春期的时候，这个缺陷会很突出（到那个时候，他们也不可能根据权威去行动）。

已经不接受权威的留守儿童需要一个能代替权威的因素。不过，这个因素必须是属于他自己的，或者只属于他们班级的，否则他们也不可能在乎，不可能接受，不可能把它当成跟自己有关的权威。跟留守儿童一起做的创作可以成为这样的一种因素，可以成为他们自己的"家"，而属于自己的创作项目比家长更能成为一种向上的拉力，一种带来追求的动力。在创作中发现的追求也就是一种具有拉力的权威，而自己也没有理想和追求的家长能给孩子的也只能是压力。

留守儿童在寻找权威也就是因为他们在心里寻找着归属。我们在物质、心理和精神上的归属作为我们人生的引导力。在社会上没有归属的留守儿童为了找到自己能归属的群体、行为或精神，什么都愿意放弃，什么都愿意进入，不加选择。对他们来说，只有一个人自己所归属的文化精神才能作为他们心中的权威。

还没有建立自己独立价值观的孩子都有着一个愿望，都在寻找归属，希望自己能属于一个家，一个集体，一种风格，一种精神。没有家庭这种归属的留守儿童更是这样的，他们更需要寻找一个能代替家族的东西。如果我们不给他们提供可建立归属的好机会，也不跟他们一起创作可归属的文化，他们就会失去自己的人生引导。

只有通过自己的行为，只有从自己的行为得到感受，并进一步获得的文化，孩子的教育才具有足够的深度，才能带来归属，才能够让学生在青春期时保留着足够的力量。如果不是在青春期之前,我们就已经没有了这个机会,因为到了青春期,学生的心理已经封闭起来了,已经不接受。在之前没有获得深度的学生会进入一种无方向、无精神的空虚感,而对物质的消费会代替本来要培养的精神。留下的主要是对自己身体和行为的感受。到这个时候已经来不及了,他们以后可能再也找不到更多的追求,再也找不到去追求与社会不同东西的力量。

在这个过于着急的竞争时代,只有我们让每一个学生来决定集体的事,让集体的事由每一个学生而实践,没有自己家的留守儿童才会找到力量。

我们最好的解决办法也不是让家长回到孩子的身边,不是让家长带孩子去一个很陌生、没有归属感的大城市。通过传统的家族来解决,在现代社会,这是不太有可能的。更实际的解决办法是通过教育,通过我们能跟学生做的事情和创作来起作用。这当然会让我们社会的一部分发生转变,会让创作中发挥的某种精神追求的归属感来替代传统家族的归属感。我们跟学生做的创作属于其中的每一个学生,而其中每一个学生也属于他们的创作。这种归属感是每一个孩子都需要的。小时候需要小范围的,大了之后自然就会有大范围的。社会团结精神的培养在留守儿童的身上比城市正常家庭的孩子更有机会。

其实,或者因为找不到归属就有一种不踏实的感觉,每一个人都会寻找归属感。但很少有人能搞清楚这个归属感是怎么来的,更少有人能弄清楚归属感如何去找。

在物质方面的归属比较容易弄清楚,也容易找到满足的方式，因为物质上的归属就是我们能安家睡觉的一个地方，能总是回到那里的一个固定的房子。此外给我们带来物质归属的还有自然以及我们自己的身体，我们自己身体的样子，还有与我们身体有联系的亲人。满足物质归属的需求最容易让我们辛苦。我们不可能属于别人的家，更不可能属于别人的身体。所以物质的归属也就是一种个体的归属。 心理方面的归属较难弄清楚。我们只能发现我们被哪些事情、哪些人群而吸引，在哪一种人的身边感到踏实。所以心理的归属更是一种群体归属。如果找到与我们同类的人，与我们具有同样感受和兴趣的人，使我们喜欢与这些人一起做事，这就是我们心理的群体归属。 这种归属就已经超出了家庭的范围，甚至与家庭没有了任何关系。它更是像某个民族的灵魂，像某种文化风格一样存在的归属。 精神方面的归属最难弄清楚。其实，要满足精神上的归属是最不讲求条件的，只要我们作为一个人就行，因为精神上的归属也就是全人类共同的归属。人类之中的每一个都有着在精神上的相同根源，所以这个归属只能是人类统一的。不管我们出生在哪里，作为人的原因和根据都是一样的。在精神上，我们最不可能区分个体。

那么，怎样才能去寻找自己在这三方面的归属呢？

为了找到物质的归属，我们就要买房子。其实也不需要达到多少物质条件，只要有个地方和几个我们能归属的东西就可以。当然还需要照顾好我们自己的身体和我们的亲人，因为他们同样作为我们的物质归属。 为了这个归属，多数人天天就忙着赚钱。

为了找到心理的归属，我们需要属于自己群体独一无二的文化。这包括我们的生活方式、风格、语言和爱好。比如说音乐等艺术创作都能成为我们心理的归属，但是，如果仅仅是消费它，我们的灵魂还是找不到归属。只有自己参与到创作这个过程中来，只有有了长久的连续性，这才能带来归属的满足。这些都不可能是从别的群体得到的，只能是我们参与的这个群体自己的创作。

为了找到精神的归属，我们需要回归到最基本的问题，也就是小孩最想知道的问题：人从哪里来，到哪里去，为什么在地球上生活。这样的归属是通过信仰才能寻找的，所以信仰就作为唯一去寻找精神归属的方式。

如果找不到自己的归属，会有什么后果呢？

如果找不到物质归属，我们的生活就会变得很乱。没有可去的地方，我们就很难建立任何生活规律，身体的状况也就不健康。如果找不到心理归属，我们的心就没有了力量，使得我们无法根据自己的认识去行动。男人就很容易想到加入帮派，因为帮派就能带来另一种归属，而女人很容易想通过别人去实现自己。如果找不到精神归属，我们做人就没有了根据和引导。少了这种信仰带来的力量，人就很容易接受引诱，跟着好处跑。还可以说，如果我们的信仰不是精神归属，而是某种完美主义，就存在着极端带来的危险。

跟学生创造《心镜》

在我已经整理好了这本书之后,我又有了一次机会,与板烈小学五年级的学生再次实现自己的梦想,创作了自己能归属的文化。因为不想分散学生的注意力,所以这次我们的活动不是另外给他们增加的一个新课,仍然是把我自己上的两门艺术课和一门活动课都围绕同一个故事开展。把学生的精力和注意力都集中起来,也让他们的力量更强。这样去上课也变得很舒服,我再也不用想那么多分散的事情了。上次以音乐片为主的作品,因为没有故事情节,就不太符合学生的需要。所以这次我们就延续了《和平剑》这个故事,创作了以故事为主,也包括歌曲的电视剧《心镜》。但我还是尽量减少对话,丰富故事里的行动情节,让学生在行动中获得感受和力量。故事的内容围绕着一个会反射人心里的动力的新发明,只有当人们学会放下目的,才有可能重新获得自由和力量。

图7-6　拍《心镜》的过程比前几个创作更顺利,是因为我已有了更多的经验

首先我们用了12节美术课讲述了12节故事内容,并用水彩把它画出来。这次我跟学生同时画。同时我们用这段时间的音乐课创作了4首属于故事情节的歌曲,《被逼迫》《冲》《活埋》《穿越》。这次,他们的音乐老师,也是他们的数学老师,全面参与了我们的创作活动。当他们听到从自己的文字、自己在钢琴上"乱"创作的旋律出来的歌曲时,当他们唱起来的时候,感觉好像全班融合在一起了一样。把合唱的两组旋律合在一起是有难度的。所以我们就分了小组,一部分学生跟着音乐老师,另一部分学生跟着我唱。学生就很意外和满足地感受到了:在同一地方同一时间做不同的事情可以是和谐的。学生已经开始唱主音的时候,我们再次跟他们进行调整配音的创作,编某些风格。其他班的学生羡慕我们班有了属于自己的特殊的事情,并且是如此地好听。

到了第二个学期,我哥哥也参与进来了。我们每星期用五节课的时间,一边练歌曲,一边把《心镜》拍成电视剧。这次我们

图7-7 在拍《心镜》的时候需要节奏很快,否则大家的现场气氛就过去了

同时使用了2~3个摄像机拍,而同时用几台摄像机就复杂化了我们的准备和协调工作。由于我已经有了足够的经验,我就能够更好地跟学生准备每一次的拍摄行动。我们先看上个星期拍出来并剪辑好的视频,然后,我继续讲这个星期的故事内容。再后来,我们谈在哪里、如何实现拍摄,并分配角色。在分配的同时,音乐老师发给他们已经写好的台词,拍对话这一部分就变得很顺利。学生也因为看到过哥哥姐姐已经跟我拍过的作品,所以信心就很大。

这次我们就能选择场面和难度最大、最丰富的安排,同时把学生最想感受和表达的创意加进去,不怕任何麻烦。因为这次我已经在自己的房间有了自己的电脑,所以我们每一个星期在继续拍摄之前都能完成前一节的全部剪辑和特殊效果工作,给学生看已经完成的部分。虽然我们拍电视剧的内容在每一个星期都不一样,但这一个学期的每一个星期都是在继续同样一件事情(用同样的安排)。这一点就培养了学生的好习惯,也可以说意志力。这次的故事内容离学生的心理有点距离,不像《和平剑》那么接近他们,但这次的创作工作最能让他们去参与、共同追求和欣赏整个过程。见图7-6至图7-9。

学生都很想天天创作,总想快一点继续拍,真是心里急,等不了,盼望着结果。所以他们每天都会问:"我们今天会做哪一部分,怎么做?"他们也有各种能否做好、如何去录自己的歌曲、如何实现故事某种效果等的担心。他们越来越替这件事情去想,越来越为了创作而着急。每次拍完之后大家都很累,但也很满足。

这次,我已经学会放下对学生的期待。假如我在学生的面前

图7-8 在泥土里的学生很冷,这一天他们仍然在土里待了一个多小时

图7-9 有时候拍《心镜》的工作也会很好玩,但不能忽略细节

总是想着学生或课堂应该是什么样子的,我只能看到学生不符合期望的地方,却无法去观察学生真正的需要。而学生也总是会觉得自己没有被看到并被冤枉,就不可能接受我的安排。但我已经学会让自己的想法接受他们形成的一些与我的想象不同的样子,以感谢、感受、欣赏的心态来做。所以在我们的创作中,什么都

变成了有可能的，可形成的。学生的力量变得无限。

当然，在拍摄工作中发生了很多事情，大家又累又充满经历，而这些才让大家成长了不少。这些事情是我们第二天在教室里自己的位置上回忆和认识的。为了避免对现场感受的破坏，我没有在现场进行反思和评价。在跟他们一起创作的时候，我最容易把自己的人生和命运交给学生。做到了这一点，班里最牛皮、总想作为关注点，所以跟我作对的学生也很喜欢来承担一些有难度和风险的动作，因为他们也感到：为全班同学去牺牲是一件很自豪的事。能用上自己的特点和追求，又能为大家的事情服务，这也满足了他们对承受某种经历的渴望。尽可能少的信息和知识，尽可能多的经历和感受，这也是产生创造灵感最基础的条件。

学生集体的追求就使得他们自己去关心大家的事情，也使得不关心的同学要面对全班同学的意见。这样，我们的班级就团结起来了，得到了集体的力量。假如不是每个星期都看到部分的结果，学生的追求就建立不起来。假如他们一下子就得到全部的结果（没有后续内容），他们的追求也建立不起来。

在此之前我已经知道在完成《心镜》之后，我再也不会有能发挥自己喜欢、自己的心能投入那么深的任何机会。我再也不能与学生去寻找与自己分不开的归属。因此，我非常感谢有这次与学生共同创作的机会。我和学生都非常满足，而这种满足一直延续到了毕业要离开的时候。

其实，每一个人都能做这样的事情。只要做到这4点就能：1. 做好选择；2. 放下对"该怎么样"的想象；3. 放下目的；4. 有归属感。现代的年轻人和专家比我聪明那么多，只是他们往往没有了某些兴趣、没有我有的那么多时间或者他们具有的知识和目标太多。只要他们放弃这些阻碍精神发挥的因素，以他们的能力能研究的东西比我多得多。

首先，只要你选择跟我一样的事情，你就能做得比我好。不过，只能想一件事情，因为任何附加的兴趣都会把你吸引出去。

其次，只要你放弃所有"该怎么样"的想象，只要你的认识是从自己的感受获得的，而你的感受又是在自己的行为上产生的，根据自己的认识去做事情，你所做的就能超出我能告诉你的事情。

再次，只要你没有了目的，这种被"心镜"反射回来然后成为自己最大阻碍力的目的，你就能自由地发挥从精神获得的力量。因为欢乐和热爱就能替代你的目的。

最后，只要你有了与当地环境或者与这群人的相互喜欢及信任关系，只要你把自己的命运交给他们，让自己属于这个地方，你就能靠着当地精神的力量做事。

前三种情况，我在前面已经写过。但第四种，我是过后才发现的：当地的归属是不可缺少的。为什么有的人并不觉得自己归属自己的家或家乡呢？因为归属不是出生在哪里就自动带有的，而是把自己的心交给了这个地方才有的。我们把自己交给了什么，我们就归属什么。想要归属，我们就得把自己交出去。我当初把自己的心交给了板烈和板烈的学生，从而就获得了这个地方的精神支持，包括创作的灵感。我的力量来自这个地方，而我能收到这个力量是因为我放心，也就是把自己的心放在了这里。这都是互相的,学生也放心,把他们的心放在了我这里。在这里说的心和命是同一个东西。这根本不是我的能力,而仅仅是这样一个状况。

后来,在必须离开这个地方的时候,我的身体是离开了,但我的心是拿不走的。所以到了城市之后,我就变成了一个没有了心,没有了灵感的人,再也做不出什么创作。在城市的感觉就像心理枯萎一样,什么感觉都没有了。

寻找内在的自然

最终我已经不想改变农村的生活,而是喜欢在农村的生活。

非目标的力量

当时跟学生创造自己能归属的东西并不是我个人的目标,而是一个没有办法的办法。因为我当时解决不了课堂纪律问题,我就无法按照传统的方式继续上课,必须想出一个建立互相信任的让学生配合的办法。我个人的力量不够,个人的意图无效,所以需要一个能代替个人的、权威的事情,也就是与学生一起创作而带来的归属感。这果然帮我解决了学生不配合的问题。

后来回到板烈看望我曾经教过的学生的时候,有一个从县城转学回来的学生,一个完美主义者,他让全校的学生没有安心的日子可过。如果谁不给他面子,不接受他的控制,他就受不了。我一直拒绝作为他所要求的竞争对手和战友。有一天,他找我聊天,我才知道:他心里其实很不喜欢自己的样子。并觉得,自己这种人是活不久的。他最佩服的人就是我这种什么都可以承受,不需要做出反应的人。其实他也想换个自己,但由于大家已经习惯把他当成这样一个老大,他只好满足这个角色。

认为必须怎么样的人在心理很不自由,很苦,还把周围的人带入自己的苦。如果人生能没有"必须"这个观点,人生的可能性就会增加很多。实际上,人生中并不存在任何必须的事情,只存在带来力量的欢乐和热爱,还有限制我们人生的标准和期待。

我的自由也不基于什么超出别人的能力。这不是超出,而是没有去管事的力量。我没有争取利益的力量,无能判断好坏,无能区分自己人和外人,无能建立自己的家,无法去要求别人,无能去策划目的。追求这些太累。结果有人说,我有"无能的力量",具有某种精神。这个可能接近一些，但"具有"这个说法很有问题，因为：精神不可能属于一个人。只可能是，如果某一个人属于某种精神，这种精神就通过这个人表现出来。

最近几年我的偏头痛还逼迫我放下更多的人生的目标。每次以某种目标做事的时候，偏头痛马上就严重起来，使我没办法去追求这个目标。被病教训了之后，我才认识到了非目标的一些原理：

如果我们做事的背后带有某种目的或者目标，就是说我们做的这些事情本身并不是我们想做或喜欢做的，而是为了其他什么，我们就永远都是为了背后的目标，永远在做些并不吸引我们的事情。这种状态不仅让我们难受，它还会使得我们没有了做下去的力量。虽然我们会说服自己，为了背后的目标，但在这个过程中我们并不能得到让我们做下去的乐趣。

任何对意义的追求也是一样的。为了追求某意义，我们会说服自己并给自己寻找和安排某些事情。甚至我们会尽量地给自己要做的事情增加一些意义，就是把意义加到我们所有的事情中去。这样人为地加进去的意义就会变得很假。不如我们去做些自己喜欢的事情，因为这种喜欢更真实，更有力量。

如果一个老师提的要求里面含有了目的，在学生的心里就会产生一种与这个目的相反的趋向。任何以某种目的做出的事情或说出来的话，都会达到与这个目的相反的结果。那是因为所有含有了目的的行为都是假装的行为。甚至，如果老师有了把学生培养成怎么样的人这种目标，需要学生配合，学生无意识的在心里就会提出条件，使老师为了自己的目标就可能进入了学生的控制。其实，我怎么可能知道每一个学生未来的使命，怎么可能帮他们定下学习的目标？

如果我们在自己的人生中仅仅达到自己所能计划的那些目标，我们的人生就很有限，受我们自己思维能力和意图的限制。我们自己的目标永远被局限，无法考虑太多超越我们个人思维和目的的因素。甚至可以说，如果我们的行为带有个人的目标，这个目标就是我们行为的弱点，因为别人可以猜测我们行为背后的目标，可以用这个来引诱、控制我们的思维。别人只需要提供我们行为背后想要的那个结果，我们就会帮他做任何他想要的事情。

只有我们行为的背后没有了目的，而仅仅是喜欢自己所做的这件事情，才不会被人控制。

而且，在我们的行为没有了个人的目标时，还会有一些超出个人的力量来引导我们，来进入我们的行为。比如说，如果我们对自己想创作的结果有某种目的，我们的灵感就会卡在那里，无法出现。反而，如果我们能放弃目的和结果，放松，非个人目标的灵感就会进入我们，灵感就在心中出现了。

在这时候我们会发现，自己的行为已经超越了我们所能想到的，而这个行为背后的力量也超越了我们自己。这就是非目标的力量。到这个时候，我们也会发现：当我们追求什么，什么就在我们的面前逃跑；而我们不想追求的事情又来追我们。这是因为，人都会信任一个不想追求利益的人。

比如说我自己。我身上表现的力量是哪里来的呢？肯定不是自己造出来的，而是我的命运帮了忙。我的命运让我在青少年阶段能够创造出来一个属于自己的小世界。当时我能创造给自己带来归属感的一些东西和氛围。但来中国之后，命运就重复地来破坏被我创造的属于我自己的小世界：期望我有超能力、来承担多么伟大角色的人要求我或直接开始炒作。然后，某个负责人感到受关注太多，不好控制，就干脆让我远离教育活动。通过重复地接受，通过对一切结果都放心的心态，人就能产生非目标的态度。假如我认为自己知道的东西更好，就不去接受这种破坏，还与他们对抗，我就只能变得越来越固执。或者，即使我一直能按照自己的想法做下去，我也不会因此产生什么力量。所以，别人对我的行为都没有错。

但是，能接受破坏一定是学习的第二步。我的学生第一步要学习的一定是创造自己归属的东西。人生的每一个年龄和阶段都带有自己不同的任务。那么，这个非目标的力量有没有用呢？对自己来说肯定是没有用的，毕竟它不可能属于我，只能是我属于它，所以就不存在个人目标的利益。但是对别人、对大家的事情的发展来说，它确实是有用的。

寻找内在的自然

我本来是希望一直留在板烈,不时跟学生一起创作我们可归属的作品。但是,不仅有媒体报道所带来的后果不让我做下去,还有社会和家庭对我的各种期待和要求。我并不想指导他们该怎么做,只想自己做而已。在满足不了他们期待的时候,在心里产生的压力让我感到无法呼吸,让我生病。在做不下去的时候我发现:在失去了环境归属、自然归属和精神归属的时候,进入的生活状态与上班做重复工作的人就没有了什么区别。不一样的只是,我适应不了。被迫断开与自然的连接之后,我什么感受和随着感受而来的力量都没有了,毕竟我们是属于自然界的一部分。我一边把自己封闭起来,一边开始尝试一些找回感受的办法。图8-1、图8-2为放小长假的时候跟学生一起挖泥鳅。

图8-1 放小长假的时候,学生喜欢带我去挖泥鳅

图8-2　全身都沾上了泥巴，可是大家都很高兴

　　离开教育行业已经有几年，我仍然悄悄地去板烈玩。我用了放假的时间跟原来的学生尝试各种自然的体验。现在往往是他们带着我去探险，我只需要跟着就可以了。另外，我也在城市观察朋友的各种野外探险活动。

　　我们的这个时代，因为担心出事，往往不允许人有真实的感受。甚至在大山里的板烈小学除了周末之外也已经不让学生出校门。在农村的他们也没有了接触自然的机会。结果，越来越多的学生就逃到虚拟的世界去玩。后来，在板烈从小主要接触虚拟世界的那部分学生，已经开始对非虚拟的自然界产生恐惧感（以前，他们除了鬼之外什么都不怕）。虽然，根据在野外活动容易出事的逻辑，让孩子害怕，甚至让孩子的身体"瘫痪"、不会动是最安全的。不过我觉得，在自然中锻炼游泳、攀爬等的本能会让人学会保护自己，那才是安全的。毕竟对危险状况的判断和自救的技能都是需要练出来的。而且，一个完全没有自身感受和经历的人心里是空虚的，容易发疯。所以，身体在封闭安全空间里的人，心理才很危险。只有在身体面对危险的时候，心理才没有危险。

现代的学生主要接受的是系统化、标准化、模式化的思维。只因为所有人都在使用这种模式，它就变成了有效的。在这个社会模式之内，它虽然有效，但这样一来，不仅人的行动力会消失，人的判断能力也会越来越有缺陷，那是因为很多的时候，这种别人给予的知识已经掩盖了我们自己的感受。可是，只有基于自己感受的认识我们才有可能敢于肯定，敢于做出判断。知识是我们只能接受和相信的东西。只有从学生自己的感受出发，让他们自己去总结和认识那才是基于真实的做法。

当然有不少人不会理解，这种感受、这种会弄脏衣服和手脚的活动有什么用？一方面，这跟喝酒一样，只要有感受就不需要有用。另一方面，自然体验还是有效果的。我在朋友的野外活动中经常看到：参加活动的孩子里面，经常玩网络游戏的城市孩子会叫别人做这个、做那个，自己并不行动，只是在要求别人。那是因为在网络游戏里就是这个样子。而且，网络游戏的这种虚拟性会引诱人乱来，还会引起一种控制欲望。所以，其后在非虚拟的世界里，他们无法适应和接受其他生命的个性，仍然想控制周围的一切。但是，通过野外的活动，他们就慢慢接受"不能去控制"这个事实，慢慢地开始自己去做所希望的那些事情。植物和动物最不可能接受人给它们强加的期待，所以就最适合达到这个效果。

另外，根据人类意识的发展，之前很多人们自然具备的感受能力在现代社会在慢慢地消失。所以，以后只有我们有意识地去培养，这些感受能力才会有。这并不是退步，因为之前自然具备的那些感受能力是与身体融合在一起的、自然自动的，所以也是强迫性的。它会强迫人去做出反应，强迫人根据感受来行动，比如头脑发热，打群架，等等。以后，有意识地培养出来的感受再也不会有这种强迫性，反而有选择性。因为未来人的身体、感受和思维都是分开发生的。这就是说，人的感受会有困难，而我们的反应也不是直接的，而是经过了思考的选择。也可以说，之前的感受具有集体性，而以后的更具有自由的独立性和分析的能力。比如，之前的人，包括最初板烈的学生，他们在听音乐的时候自然而然就有了感受，但并没有能力听出半音的区别。但是，板烈后来的学生已经开始能听出半音的区别。问题就是，以后我们的教育不能漏掉这个培养的步骤，需要有意识地去培养学生的感觉能力，才会有感受。

　　有意识地培养出来的感觉能力会成为我们无意识的本能。这种本能只能在反复的行动中培养，因为本能也就是人体与自然合一的一种力量。只要锻炼我们这种内在的自然的本能，我们就能感受到自然的力量像水一样浮着我们，好像不再是面对自然，而是与它融合为一。这时候，一切都变成是放心的。将来，这种随时可以保护我们的力量或本能是需要锻炼才会有的，而且这种锻炼需要用上全身所有的感觉器官才行，因为这些感觉器官也就等于我们的身体和灵心延续到环境中的连接。不管我们把它叫作自然规律还是自然神，我们都需要跟它合作。毕竟我们的身体也是属于它的一部分。我一直都很想帮学生找回我们自然的归属，找回人生真实的乐趣，从自己的感受产生新的力量。专业的探险设备是不需要的，因为这种设备只会帮我们跨过某些对环境的感受。

除了获得感受之外,我们不必达到什么结果,不用给我们的行为附加任何教育目的、教育意义,不必做成人为的游戏,更不用当场做评价。为什么呢?因为目标和意义会变成另一种虚拟的体系。目标是在想象中设定的,任何被我们加进去的因素都不自然,都没有来自学生自己的感受。如果我想提供与虚拟世界相对应的补充,我就不能要那些人为加进去的教育意义。图8-3、8-4为在冬天下水游泳的男孩。

图8-3(1)

图8-3(2)

图8-3　寒假的时候气温只有零上10度,本来不打算下水,可我们忍不住,还是让自己掉进水里

但是,我们还是需要带来一些我们要共同完成的任务。这些任务会让我们进入到自然,让我们体验和接受"自己不能控制这

种力量"的事实,并让我们与自然的元素融合为一。对青春期以上的孩子来说,这种任务的产生或安排也就像发生意外一样。比如说,迷路、下雨、桥塌了或滑坡使道路不通、车坏了或掉到坑里、出路被堵住了、要走的路上出现泥潭、船沉下去、到天黑的时候还没找到住的地方、需要救掉进水里或泥潭里的人或动物、需要为了挽救自然生态而建一个临时的桥、水坝或挖开河道,或者进入到人类给自然界留下的污染区去清理。这样需要克服的灾难性的挑战或障碍都来自于自然的力量,并不是人为假设的游戏,更不是人为的规则或竞争。人需要经历和在心里消化小灾难,才能健康地成长。甚至可以说,只有面对这样的危险,问题少年才会升起责任感。但前提是,我们要陪伴他们一起消化这个灾难。其中要做的引导基本上都是经过引导者自己的行动,不是通过讲话表达和进行。如果灾难太大,让人无法消化,那是有害的。但如果完全不需要面对灾难,也就等于心里没有了可消化而成长的东西。这个小灾难需要多大,这取决于每一个人的感受能

图8-4 把衣服慢慢烤干

力。只要能产生感受,就是够大了。最终从活动中获得的只有在感受和本能上的变化,还有欢乐。图8-5为在火堆旁玩耍的孩子。

在具体的活动中可以这样做:需要提前定下来的只有行动任务。这种任务不需要任何的意义,但需要带来感受。它是不能一个人单独完成的,需要互相帮助,不留下任何可以不动手、保持干净的机会。其中的引导者不可以压迫人,任何行动的需要都来自于自然。而且在一次行动之内,我们不需要从进入的自然环境出来,因为野外过夜的感受特别深刻。我们吃的饭需要大家自己找柴火、烧火来煮。除了安全保障、应急的食物和完成任务所需要的集体设备之外,我们不需要更多的专业装备。除了身上穿的衣服之外也不需要带个人行李或手机。

可选择的任务有五类:

1. 改造自然环境,挽救生态(9岁~成人)。比如,开新的小路或桥,寻找/开发水源,给水流改道,在树之间建立缆车,挽救动物,捞在水里影响人和动植物生存的垃圾。

2. 围绕一个故事来行动(9~13岁)。比如,寻找某个隐藏在土里、树上、水中的神秘地方的东西;寻找隐秘的道路去传送一个秘密;制造武器打仗。可以分成两三个组来进行。

3. 野外求生(14岁~成人)。比如,爬山、上树、涉水找野果、泥鳅等食物,建一些捕猎或捕人的器具,找自然界的东西来建棚子、编吊床,在河里或湖里洗澡洗衣服,在野外或露天环境下过夜、烤火取暖。

4. 激烈运动、攀爬等(14~16岁)。比如,沿未知路线爬山

图8-5 男孩喜欢挑战自己的勇气

或溯溪,主动挑战困难路线;砍树或竹子造船;带着受伤或生病的朋友安全返回。

5. 给当地人帮忙(9~16岁)。比如,帮助牧民把动物找回来、转移或赶回家,帮助农民犁田或给动物找食物、学习使用家畜,帮助渔民捞鱼。

离开了板烈后,我经常去印度尼西亚,在我哥哥生活的那个村子待了几个月。我很喜欢他们随意的思维和生活方式。在他们的社会里没有任何必须的事情,也没有任何期待。他们的生活虽然有了一些现代的技术,但他们与原始的自然环境还是连在一起的,他们还能感受到我们已经感受不到的事情。

我天天跟他们走,在海底和原始森林开采锡矿、进各种各样的红树林,跟他们学了很多生活上的事情。

其中有一些无法接受课堂教育的问题少年,他们陪伴大人去开采锡矿。这种工作,如果不能相互配合,就会有生命危险,而面对这种危险给他们带来了很大的责任感,他们自然就很配合。我哥哥还两次在那里的一个无人无信号,一共只有他和同事两个人的小岛上,待了四个多月,帮人养海龟。我把跟他们学的东西编成了一首歌,旋律也是模仿当地渔民的:

我想要冒险	自然在心中
发现内在自然	带来无限力量
唤醒心中力量	当它需要我们
本能保护我	它叫我回归
野外遇到的	不怕归属它
都是我的朋友	失去个人力量
自然成为翅膀	只要能在一起
让我像飞一样	信任成就力量
只有现在	只有现在
找回感受	找回感受
睡在本能	睡在本能
归属自然	归属自然
先做再说	先做再说
没有目的	没有目的
不怕接受	不怕接受
穿过一切,走	穿过一切,走

寻找内在的自然　283

回到中国，我就根据这段经历重新构想了如何感受野外的活动：

青春期之前的儿童，可以把他们留在一个可能变得越来越熟悉的区域，白天去自由活动。晚上，大人给孩子讲一些真实的在自然界发生过的故事，让孩子了解各种危险。随着这个故事可以给他们一些工具（比如自然资源的图纸和技术工具），让小孩自由形成两个围绕着不同工具的小组。在第二天，孩子们可能会去寻找在河底下、泥潭里、树上等地方的故事里的各种东西，可能

图8-6（1）

图8-6（2）

图8-6　在喀斯特地貌的溶洞里探险

会加工这些东西。也许还会引起他们在野外躲藏、跑跳或比武。白天，大人不要干涉孩子，仅仅陪伴或以自己的行动启发他们。吃饭的时候不用离开活动场地，可以把食物带进来，并增加孩子自己找到的可以吃的东西。晚上，如果能在露天环境下过夜，比睡帐篷里面更好。

我们在自然中的经历会成为另一个只归属自然的世界，一个联系不到平时生活的独立的世界。在这里的生活方式、习惯、表达和思维，都只属于这个特殊的世界。我们在自然之外生活的各种障碍，其实都是思维上的障碍，身体并不是做不到的。当我们在一个像故事一样的自然的世界里，我们要面对的任务并不需要用上我们已经具有各种障碍的思维习惯，而是需要用身体来感受没有障碍的样子。在我们仅仅行动的时候，我们能放开所有不必要的东西——目标、期待和条件，从而就逃脱了自己思维的限制。图8-6为溶洞探险活动。

不过，由于时代的各种敏感，我就不想把它做成活动，仅仅自己和几个朋友去玩和感受。好像我们长大、失去玩的能力并且缺少这些经历之后，就可能得一种病——以为有影响力才有意义。到了中年，这种病会让我们越来越难受。一直到老，我们才放下并接受人生的意义并不在满足个人的期待这个事实，才能逃脱这个病。我们管不了人生的意义，所能做的仅仅是相信它的存在。

附录一
参考书目

参考书全部都是Rudolf Steiner出版社（Rudolf Steiner Verlag）出版的，出版地为瑞士（Dornach / Schweiz），作者是鲁道夫·史代纳（Rudolf Steiner)。书的原书名（德文）、编号和中文翻译如下：

- "Die Erziehung des Kindes vom Gesichtspunkte der Geisteswissenschaft" GA34
- 中文译作：《适合儿童的成长》
- "Theosophie" GA9
- 中文译作：《精神科学》
- "Allgemeine Menschenkunde" GA293
- 中文译作：《适合人类的教育》
- "Die geistig-seelischen Grundkräfte der Erziehungskunst" GA305
- 中文译作：《孩子成长的力量》
- "Die gesunde Entwicklung des Menschenwesens" GA303
- 中文译作：《人类健康的成长》
- "Menschenerkenntnis und Unterrichtsgestaltung" GA302
- 中文译作：《适合人类的教育（补充）》
- "Wie erlangt man Erkenntnisse der höheren Welten" GA10
- 中文译作：《怎样培养直觉能力》
- "Die Kunst des Erziehens aus dem Erfassen der Menschenwesenheit" GA311
- 中文译作：《童年的王国》
- "Heilpädagogischer Kurs" GA317
- 中文译作：《通过教育去治疗》
- "Die 12 Sinne des Menschen"
- 中文译作：《人的12种感觉器官》
- "Praktische Ausbildung des Denkens" GA108
- 中文译作：《培养自己的思考》

附录二
延伸阅读

与书的内容有关的视频资料链接i.youku.com/chuangzaoguishu：

- 《失败者之歌》2002年的活动 (25分钟)
- 《山路弯弯》2003年的活动 (28分钟)
- 《谁能理解》2006年的活动 (32分钟)
- 《留守娃》2008年的活动及生活 (54分钟)
- 《和平剑》板烈小学的学生在2008年创作的电视剧 (41分钟)
- 《在乎》板烈小学的学生在2009年创作的音乐片 (4分钟)
- 《梦别》板烈小学的学生在2010年创作的音乐片 (30分钟)
- 《留守儿童的归属》2012年的活动 (13分钟)
- 《心镜上》板烈小学的学生在2012年创作的电视剧 (38分钟)
- 《心镜下》板烈小学的学生在2012年创作的电视剧 (39分钟)

与书的内容有关的网站：

- 留守儿童教育http://liushou.jiaoyu.org
- 背景资料和作品http://yuanshan.jiaoyu.org
- www.jiaoyu.org （总网站）

*luanke.jiaoyu.org仅仅是一个指向www.jiaoyu.org的链接。网上使用卢安克这个名字发表的博客文章都没有经过本人的同意。

附录三
卢安克教育活动年表

- 1997.1 在广西壮族自治区桂林市高田乡北沟村开办青年学习班未成功。
- 1997.8 在南宁残疾人职业学校教课。
- 1999.3 在南宁市横县跟村里的朋友把《适合儿童的成长》翻译成中文。
- 1999.9—2000.1 在桂林市阳朔中学教初一两个班和初二两个班的英语课。
- 2000.2—2000.7 在桂林市兴坪镇村里的大坪子初中教初一一个班、初二一个班的英语课。
- 2000.11 在南宁残疾人职业学校给盲人上英语课。
- 2001.2—2001.7 在河池市东兰县隘洞中学教初二年级的英文、地理和美术课。
- 2001.9—2002.6 把《幼儿与电脑》和《治疗教育》翻译成中文。
- 2002.7-2002.12 在东兰县坡拉乡林广屯与没有上过学的青年一起做教育实验。实验的目的是研究如何让青年学会创造自己的生活环境。
- 2003.3 在林广屯把《培养学生的知觉》《直觉作为研究手段》《社会与办学》翻译成中文。
- 2003.9—2003.12 在板烈小学五年级开展教育活动,让学生观察、感受、用艺术的方式来表达观察到的情况,并让他们改造环境。
- 2004.6—2004.11 在板烈和蒙令华把《孩子成长的力量》和《人类健康的成长》翻译成中文。
- 2004.8—2005.8 多次在成都一所学校义务做装修工作,与志愿者一起学习。
- 2005.3 再次在板烈小学与四年级学生开展一个3个星期的教育活动,继续研究如何培养小孩的感觉与意识。

- 2005.10—2005.12 在板烈把《适合人类的教育》翻译成中文。

- 2006.2—2006.3 在板烈小学继续跟五年级学生开展3个星期的活动，跟学生拍电视剧。

- 2006.10—2006.11 把《超出私心的成长》翻译成中文。

- 2007.4—2008.1 作为共青团的志愿者。在板烈小学上三、四、五、六年级的自然（科学）和美术课。

- 2007.8 在板烈学生的家里把《精神科学》翻译成中文。

- 2007.9—2010.1 继续作为广西共青团的志愿者，在板烈小学上三、四、五、六年级的科学、美术、音乐和综合实践活动课。

- 2008.2—2008.12 利用美术、音乐和综合实践活动课联合起来，跟五年级学生拍电视剧《和平剑》。

- 2009.9—2010.2 在给板烈小学五、六年级学生上课的同时，给圆善合作社打工（翻译书籍和设计网页）。

- 2009.12 第一次接受电视台《面对面》栏目的采访。这给我带来了很多新的责任。

- 2010.3—2010.7 利用音乐、美术和综合实践活动课跟板烈小学的五、六年级学生一起创作音乐片《梦别》。

- 2010.11 不能延期志愿者身份，但仍然生活在板烈学生的身边。

- 2011.11—2012.6 利用美术、音乐和综合实践活动课联合起来，跟五年级学生画《心镜》的画，编《心镜》的歌曲和拍《心镜》的电视剧。

- 2016.6—2018.4 用假期时间，跟原来的学生朋友去寻找内在的自然。

以上全部教学工作都是义务的。